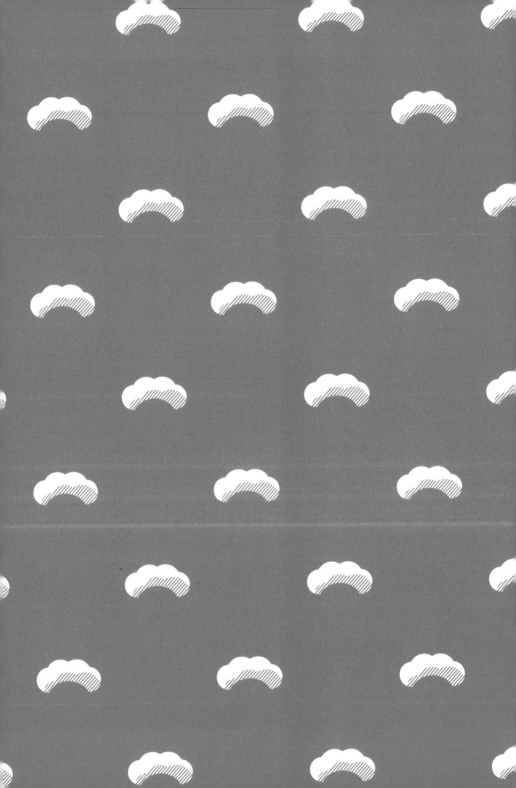

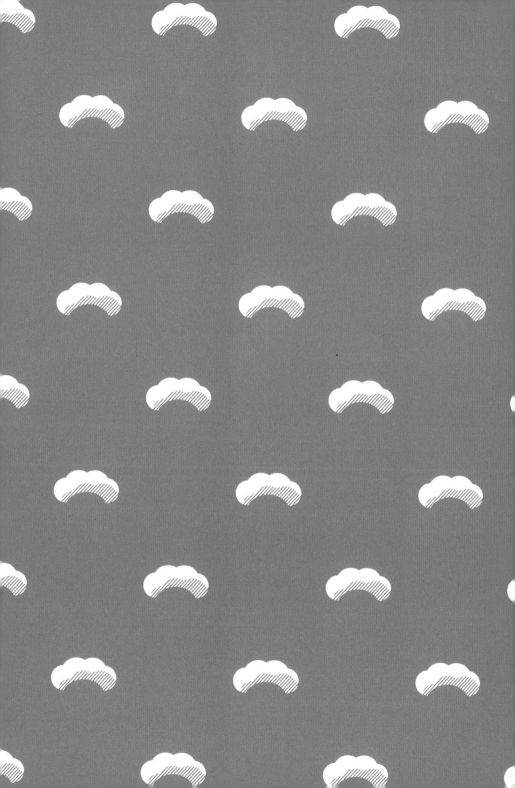

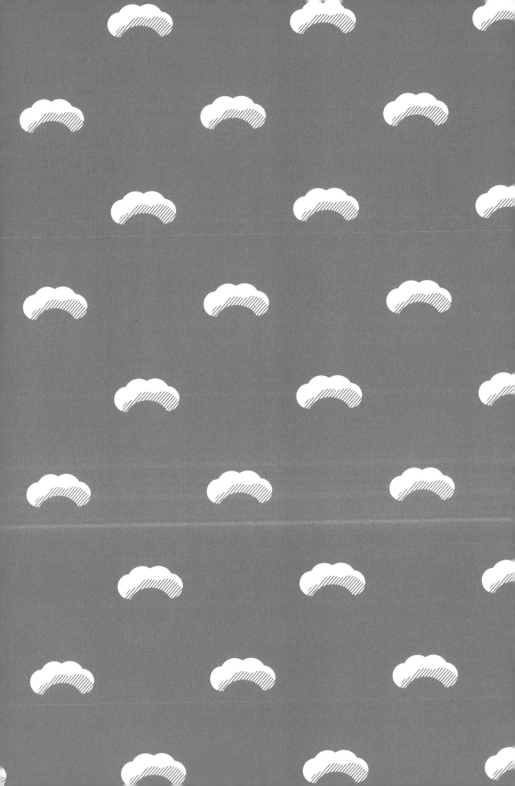

# 妳想活出怎樣的人生？

東大教授寫給女孩與女人的性別入門讀本

上野千鶴子
陳介——譯

女の子はどう生きるか：教えて，上野先生！

推薦序

# 賦予未來世代自由選擇的機會

湛淑婷 文字工作者／性平教育講師

坊間教養書常常以性別作為分類，但翻看其中內容，就會發現根本與性別無關，例如「以肯定句型和孩子說話」、「挫折時要鼓勵孩子」、「不說『但是』改說『如果……就更好了！』」，或者是「多給孩子一點時間」、「以身作則培養孩子的體貼」、「以守護與關懷培養孩子的自信心」等，這些教養法根本與性別無關，畢竟每個孩子本都需要被友善對待、親切關懷。唯一與性別有關的，是這些教養書的作者字裡行間流露出的性別刻板印象，不斷強調因為男女差異大，所以養育方法不同（其實根本一樣）。

這本由日本社會學家上野千鶴子老師所寫的《妳想活出怎樣的人生？》，就是以這樣的立場書寫，雖然說出發點是因為不滿由吉野源三郎在一九三七年所寫的暢銷書《你想活出怎樣的人生？》是一本給男孩子的書，讓她決定親自寫一本書與女孩談談應該「活出怎樣的人生」，但書中內容大大突破性別分野，我認為不分性別的青少年都該閱讀，若有父母因為沒有養育女兒就錯過這本書，那就太可惜了。

本書談的是日本性別平等的問題，那麼台灣的狀況呢？以「二〇二二台灣性平報告」來看，即便台灣有第一位女總統，女性立法委員比率也突破四成，但擔任地方首長及民意代表、一級主管機關首長的男女人數差距仍非常大，地方政府一級單位女性首長僅有百分之二十四．七；公開發行公司的女性董事比例則為百分之十四．四；更不用說在教育、環境、能源與科技等領域，台灣還是存在明顯的性別職業隔離，例如女性西醫師僅佔百分之二十一．二，而女性護理師佔了百分之九十六．二。

以上只是調查的一小部分，我建議認為「台灣性別非常平等」、「女權過高」、「現在男性比女性辛苦多了」的人，都要讀一讀「二〇二二台灣性平報告」，才能認知到一件事——要告別父權社會的遊戲規則，我們還有很長一段路要走。

上野千鶴子在這本書中提出的四十四個問題，涵蓋了女性在校園、家庭、情感關係、社會文化中會遇到的阻礙與剝奪。許多議題牽涉到歷史與政治，也包含老人年金、廢除配偶扣除制運動等議題，要讓十多歲的孩子徹底理解並不容易，但我認為作者書寫非常清晰，舉例明確，且不厭其煩地引領讀者追根究柢，去追查種種不平等的性別政策與觀念是從何而來，而且她不忘時時鼓勵讀者，要相信自己擁有改變未來、決定人生的可能。

本書選擇從校園裡的性別議題出發，例如「點名簿上的第一位為什麼總是男生？」，學校就是社會的縮影，而不是無憂無慮的避難所，許多孩子都是在求學期間，發現性別確實會造成差異。有些人可能從不在意座號一號是男生，但他們也忽略了，男生總是比較早領本子、比較早出發、比較先回答問題，而女生呢？總是在等候，彷彿等候是女性天生就該有的美德。

當學生提出抗議時（我相信男學生也不想第一個打針啊），大人就說啦，「這就是傳統」、「大家都這樣」、「混在一起很麻煩」，這種理所當然、不加懷疑的態度，其實就是把孩子當笨蛋，掩飾他們根本沒在思考的大腦，這種無法與時俱進的「習慣」，還是早點拋棄比較好。

另一方面，當大人說，女孩就是天生愛粉紅色文具與公主時、反駁自己沒有性別刻板印象時，其實也忘了自己有以身作則的責任。有多少成年男性穿著黑色系或大地色系的衣服、背著深色系公事包？如果大人都沒有勇氣改變自己的刻板印象與行動表現，小孩怎麼能獲得勇氣呢？

關於家務與育兒的性別分工，上野千鶴子提醒，就算是非常少數申請到育嬰假的男性，調查發現，這些不用工作的丈夫也大多把時間花在個人興趣，而非做家事或帶小孩。男性不想做家事或不帶小孩，其實最主要的原因不是「沒時間」，而是「沒意願」，反正只要拖下去，一定會有人看不慣，而那個角色多數會是妻子或是同住的長輩。社會上甚至還有另一種聲音，認為性別平等要求男性要工作賺錢，還要「低姿態」做家務與育兒，根本是「裡外都要」，帶給男性很多痛苦。

這些說法犯了許多錯誤。首先，養女育兒不是父母任一方的義務，是雙親共同的責任；遇到願意積極參與家務與育兒的伴侶，不能只說是一個女性的運氣好，而是人類文明的進步。無論有沒有育兒，每個人都有義務支持友善育兒的社會環境、推行性平教育的教育體制，並拒絕不合理的工時，讓家務與育兒成為每個人的「專長」。

最精彩的是，上野千鶴子提出的接連問題常常是正反兩方兼具，例如這一題問到難道女性不能以當全職主婦為目標？下一題就是不想當全職媽媽是不是背叛了自己的主婦媽媽？為什麼結婚後女性必須在「不影響家事跟小孩的範圍內」選擇兼職？

上野千鶴子不直接說是非對錯，只提醒讀者，人生是一連串的選擇，其中也會有失敗的選擇。父母會依照自己的人生經驗給予建議，但這一代的孩子要考慮的是他們活在未來，未來世代的女性會擁有怎樣的人生呢？不妨相信，自己會擁有前所未有的選擇機會！

書末以「發出雜訊、吸收雜訊、享受雜訊，找到能共同成長的夥伴」作為鼓舞，我也這麼相信，這個世界對於實踐性別平等，始終有各式各樣的阻力，總會有人堅稱「這是歷史悠久的傳統」或是其他沒有半點說服力的理由，堅持保守迂腐，可是我們一定要相信自己擁有「覺得不對勁」的權利，而且不分性別，每個人都可以在不傷害別人的前提下自由選擇，過得自由自在。

推薦序

# 為自己和社會而讀

謝美娟　台灣性別平等教育協會理事長

這是一本為女孩而寫的書，家長、老師也應該看一看，沒有集合全宇宙的力量，要達成性別平權的目標，仍會走得跌跌撞撞。

對於日本有一種特別的情感，文化、生活、飲食都有相近之處，閱讀此書時，好似在看台灣性別平等發展的歷史回顧：學校教育、家庭議題、職場環境，女性所面臨的困境幾乎一模一樣，有些篇章台灣已經翻過，而有些章節正在改寫。例如女學生就學權益和選擇，台灣因為教育普及、少子女化等因素，新一代家長對女孩的期望不再只是找個好的「歸宿」，能夠獨立自主是普遍的觀念。加上經濟發展導致雙薪家庭才能維持較佳的生活品質，女孩被鼓勵擁有好的學歷（當然，男理工、女人文的刻板印象仍存在，但教育政策努力弭平落差）。依據台灣教育部最新統計，全國一百三十七間公私立大學的女學生比例，其中有五十九間超過百分之五十，台大的女學生比例則為百分之四十三．七，遠遠超過東大「兩成的高牆」。

雖然教育機會均等，但女性在職場的挑戰仍有古典的結婚、生育難題，也有現代的玻璃天花板議題。建立保障就業環境的制度在日本似乎還行不通，雖然訂定《男女僱用機會均等法》，禁止聘用員工時產生性別歧視，但很快地企業在法案實施第一年就引用新的「人事管理制度」，讓應徵者「自願」選擇要擔任哪一種職務，將法規的影響降到最低。或者是「配偶扣除」稅制，讓年收入不超過法定額度的配偶享有免費保險及稅金減免的福利，但上野教授認為反而成為想外出工作女性的絆腳石。福利與限制竟是一體兩面，保障派遣員工在同一家公司連續工作三年即可依照意願轉正職的法案，卻演變成三年就不再續約，反而造成工作的困境。

如果社會整體觀念沒有改變，徒有法規與制度，仍會被一一破解，平權之路迢遙。

家庭是女孩最初體會與建立性別概念的地方，從此書中可見日本家庭中在稱謂、教養態度、工作型態上，男尊女卑的狀態仍根深柢固。其中最「有趣」的是稱丈夫為「主人」，台灣早期也有稱丈夫為「頭家 thâu-ke」的習慣用語，現在偶爾仍會有長輩用此稱謂，我的心中總會嘀咕：有付薪水嗎？（笑）。另一個從形式上就綑綁了女性自主權的是夫妻同姓氏的規定，雖然依法也可從妻姓，比例卻非常低。台灣早期也有冠夫姓的現象，但並非強制性，現在則已完全絕跡。結婚後將自己原先的姓氏換成另一方姓氏，除了更改證件的麻煩之外，個人主體性也在制度中消失了。

家庭的束縛有時較難掙脫，學校能否張起平等的網接住所有的小孩？台灣的婦運前輩們看見教育的重要性，應基礎且廣泛地鋪設平等大道。二〇〇四年台灣通過《性別平等教育法》，明訂學校要改善學習環境與資源，充實課程、教材與教學以推動性別平等教育。有了法源依據，就算不是搭上噴射機，性別平權總是起飛升空了。再加上台灣眾多學者在各領域的努力，及NGO團體的創新和動能，推著政府無法回頭地往平權邁進，而這也是日本看不見車尾燈的原因。

上野教授對於日本在性平的推動原地踏步感到無奈，從其懇切的回應中也看見她的焦急。她以女性主義者及教育者的角度，為女孩寫下此書，社會不動，女孩自己動，一代一代地接力打造一個「任何人都不拘泥性別的社會」。閱讀此書就是一個行動與思辯的開始——即使是對上野教授說的話，我們也要保持批判的精神，在追求平等的路途中，不停地反思與辯證，以確保達到實質平等的目的。

推薦序

# 為年輕女孩的未來照見新的道路

許菁芳　作家

《妳想活出怎樣的人生？》是日本著名女性主義者、東京大學名譽教授上野千鶴子寫給青少女的一本書，針對年輕女孩們生活的各個面向——包括校園、家庭、愛情與未來的社會環境，以問答的方式回應各式各樣的疑惑。一如她往常的風格，年過古稀的上野教授在分享女性生存之道時，依舊明快辛辣，直言不諱。

台灣社會與日本親近，但兩地的性別權力脈絡卻大相逕庭。閱讀本書，台灣讀者可能會驚訝地發現許多在台灣已然變化的現象與問題，在日本仍然相當嚴峻。例如，從校園的性別比例看來，東京大學的女學生只有兩成，女教授大約只佔一成二，頂尖大學還是以男性為主的世界。在中學裡，來自女學生的疑問也指出，「學校明明是男女合校，學生會長卻老是只有男生在當，女生則大多當副會長或祕書長」。相對於此，在台灣，校園裡的性別圖像已經不太一樣：以台灣大學為例，早在一九六〇年代末期，女學生的比例就已經跟男學生相當接近*，近十年也穩定維持在四成左右#。台大學生會早在一九八八年就出現第一位女性學生會長（即是現任立法委員范雲）；三十多年來，女性的台大學生會長也佔比三成多。在教師性別比例上，根據教育部的最新統計，全台大專院校的女性專任教師大約佔三分之一，也略高於日本的平均佔比二成三※。總而言之，雖然台灣校園的性別比例與一般人口仍有差距（最新數據為每百位台灣女性對應九十八・三位男性），但在某些具指標意義的面向上，台灣女學生比日本女學生有更多空間。

當然，這些切面並不代表台灣已經沒有性別平等的問題——性別權力不對等是一座歷史悠久的違章建築，盤根錯節地深入社會生活的所有面向，絕非幾十年就能拆除的工程，而需要好幾代男男女女共同努力。然而，在拆除父權違建時，關鍵的不只是突破對女性的限制、明快地指出男性不當受益之處，同時也必須帶著兩性共存同榮的新願景，將力量放在創造完全不同於過去的性別關係與架構。換言之，在個人實踐的層次上，除了盡力突破無理

* 駱明慶，〈誰是台大學生？〉，https://homepage.ntu.edu.tw/~luohm/papers/NTU.htm

\# https://university-tw.ldkrsi.men/female/0003

※ chrome-extension://efaidnbmnnnibpcajpcglclefindmkaj/https://stats.moe.gov.tw/files/analysis/102higher_teacherw.pdf

的性別限制，也別忘了重點不在於突破限制，而在於為了做個自由人，突破限制後還有一大片無限可能。

書中可以讀出上野教授的殷殷期盼。長期以來，女性被視為次等人，只能擔任輔佐、協助的角色，因而不需要也不應該佔據優良的資源，求取傑出的表現。這樣的認知當然是錯誤的，也是人類集體的重大挫敗——女性的智力與能力如果能提早好幾個世紀發展出來，人類或許可以避免掉許多戰爭、災難，也可以在各種文明層次上有重大突破。但值得注意的是，女性力量的翻轉不在於用同樣的邏輯給定性別二元的優劣強弱，而在於肯定與創造多元平等的新模式。白話地說，身為女性，我們追求的其實不是每個女人都變成大公司的CEO或政府高官，我們追求的是每個人——無論身為女人、男人或性別氣質與認同多元的人——都可以自在地選擇她／他喜歡的位置，為家庭、工作、社會、國家付出，而她／他的貢獻都會被肯定與珍重。

真正有力量的女人可以為所有角色帶來新的意義。女人的人生有無限可能，年輕女孩們想要做什麼都可以！想做科學家，可以；想做總統，也可以；想創業、想在大組織裡平步青雲，當然都可以。如果想做家庭主婦，很可以；甚至是想嫁入豪門，也沒有不可以！真正的性別翻轉不是我上你下，真正的翻轉是創造價值，賦予新的意義。從前人們認為科學家要有特定的智識能力，政治家與企業家要有獨特的社會資本與性格，因此只有男性才適合從事。但事實證明，智識能力沒有性別之分，而女性之所以難以獲致權力與市場，是結構阻撓進而獨惠男性的結果，跟女性本身其實沒有太大關係。同理可證，過去人們覺得家庭主婦沒有價值，恐怕也只是還沒有真正認識到女性在家庭中的實力、為家庭貢獻的價值——看看現在各種家庭主婦轉網紅所創造出來的產值！團購主揪不管賣貨買菜，都是喊水會結凍，Vlogger 日常評論的用戶體驗，也能造成公關危機。過去認為家庭主婦是沒有能力的弱勢族群，顯然是一場深深誤會；起碼在台灣，歐巴桑貨真價實是地表最強生物。

《妳想活出怎樣的人生？》一書中，有年輕女性對於「女性主義」的標籤感到不安，對於成為女性主義者有所保留。上野教授說，其實就像人有千百種，女性主義者也有不同的樣貌。我也同意這樣的說法。身為女性，人生的重點並不是要不要戴上女性主義者的帽子，也不在於對抗或追求任何特定的角色。身而為人，人人都擁有特定的一套生理條件，也必然會發展出與他人相同又不同的生命經驗——真正的重點只有一個，就是問清楚自己想要活出怎樣的人生？無論那是什麼色彩的人生，只要是全力以赴，必然光彩奪目，也必然會為其他女性帶來光芒，為年輕女孩的未來照見新的道路。

# 妳想活出怎樣的人生？

## ——為了不折斷女孩的翅膀

妳讀過《你想活出怎樣的人生？》這本書嗎？

這是日本兒童文學家兼新聞工作者吉野源三郎在一九三七年所寫的暢銷書，於面世八十年後，到了二〇一七年又由雜誌之家出版社改編為漫畫重新發行，再次躍上了暢銷排行榜。我也讀了這本書。書中描寫獨立的思考、面對霸凌的勇氣、超越立場的友情等等，令人動容。但讀完之後，我的心頭卻縈繞著一股奇異的感受，久久不能釋懷。

原來是因為書裡提到的「你」，指的全都是男孩子。

我過去在閱讀法國哲學家盧梭知名的教育論《愛彌兒》時，也曾有同樣的感受。這本書的主角是少年愛彌兒，為了施予他良好的教育，書中寫下許多很有道理的事，像是必須重視孩童的自發性、讓孩子自由發展並發揮所長等，但一路讀到最後卻令人傻眼，因為書末竟寫道：「上述內容一概不適用於女孩子。」盧梭認為應該要把女孩子培育成可以扶持未來丈夫的人，看到這樣的論調，我不禁心想：豈有此理！

妳肯定也這麼覺得吧？真是豈有此理！——我這本書就是為了會這麼想的妳而寫的。

畢竟會問女孩子「妳想活出怎樣的人生？」的書，並沒有我們以為的那麼多。提到少年就會想到男孩子，提到青年則會想到男性，在總是讓人下意識這麼聯想的社會，所謂的「你」，指的往往只有男生，女生並不在討論的範圍內。男孩子是人生的主角，女孩子則要安於配角的身分——在盧梭那個時代就已經擺明了這麼說，而直到現在，不少大人仍然這麼想。女孩子明明也是自己人生的主角，但告訴她們應該怎樣扮演人生主角的書卻不多。

我所下的副標題「不折斷女孩的翅膀」，是引用自史上最年輕的諾貝爾和平獎得主馬拉拉的父親。當時年僅十五歲的馬拉拉在巴基斯坦提出了「想要上學」的訴求，被那些主張女性不需要接受教育的男人盯上而遭到槍擊。在那樣險惡的局勢下，明明只是希望女孩能受教育，卻必須賭上性命。好不容易撿回一條命後，馬拉拉開始在世界各地奔走，宣揚每個女孩子都應該接受教育。當被問到：「您是怎麼養育出這麼勇敢的女兒呢？」馬拉拉的父親回答：「我只是沒有折斷她的翅膀罷了。」沒錯，不管是女孩或男孩，只要是兒童，都會有想長大、想學習、想有所成長的欲望，也就是希望能擁有翅膀，但女孩的翅膀卻被折斷、被彎曲、被拉扯了下來。因此，養育女孩子的方法其實很簡單，就是不去妨礙她一開始所擁有的、自己搧動翅膀的力量。這本書所關注的不只是「女孩子要活出怎樣的人生」，還有我們應該「如何養育女孩子」。

可惜在目前的日本，「女孩如何養育／成長」和「男孩如何養育／成長」，方法大不相同，因此我才覺得自己非寫下這本書、告訴「女孩要活出怎樣的人生」不可。而我這本書的日文原版正是由當年出版《你想活出怎樣的人生？》（岩波文庫）的出版社岩波書店發行，這一點也著實讓人感到欣慰。

# 目次

## 第2章 在家裡，為什麼老是感到鬱悶？

## 第3章 感情生活太充實，其實也很辛苦?!

## 第4章 我們該怎麼改變社會？

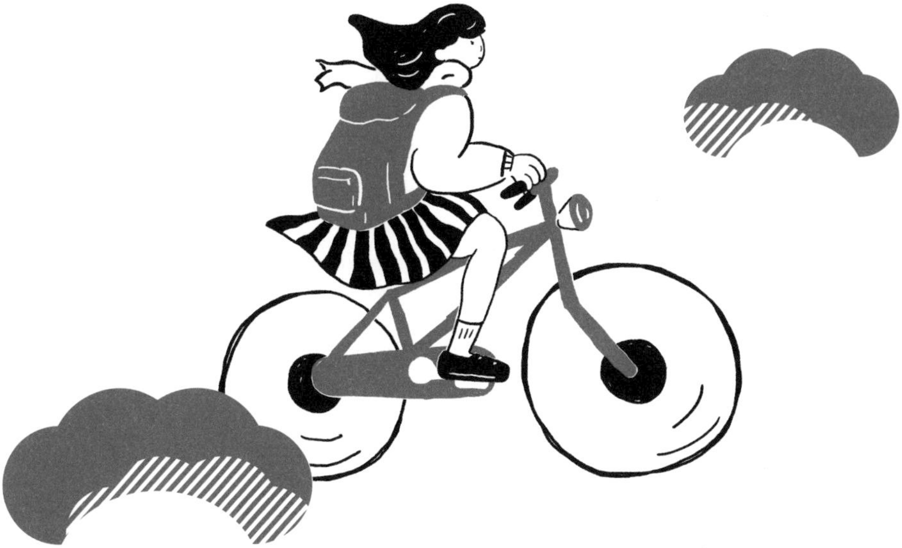

# 學校裡，為什麼女生總是排在男生後面？

第
1
章

## 為什麼老是男生在當學生會長？

Q1

我們學校明明是男女合校，學生會長卻老是只有男生在當，女生則大多當副會長或祕書長，就算向老師反映，老師也只會用「學校傳統」四個字帶過。女生難道就不能當學生會長、只能乖乖扮演輔佐的角色嗎？

A1

其實不只是學生會的編制，不妨看看老師，他們也是這樣——校長是不是大多是男性，而副校長與教務主任大多是女性？這一點只要看看圖1便一目瞭然。而且在家裡一般也是以父親為重心，母親則在背後支持對吧？日文中雖然稱妻子為「女房」，但「女房役」卻是指輔佐的角色。此外在父母的職場，也往往是男社長搭配女祕書吧？

學校就是社會的縮影，並不是可以擺脫社會的避難所或例外的特殊地帶。大人之所以宣稱這樣的事是「傳統」，是由於大家都視為理所當然、絲毫不加懷疑，但是所謂的「傳統」並沒有任何根據。大人要是拋出了「傳統」這個說詞，請妳們一定要知道，

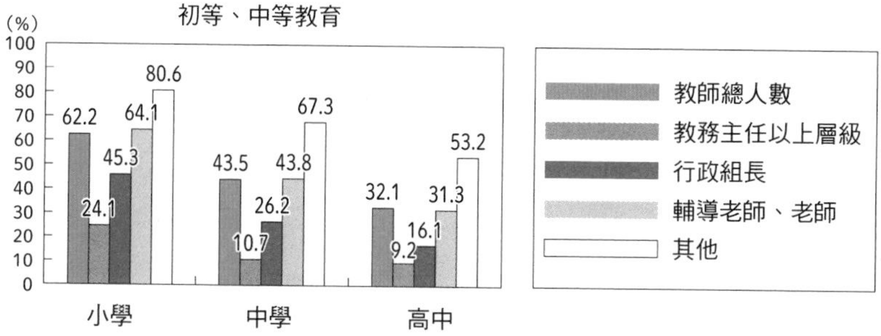


**圖 1　專任教師中女性所佔比例（依各級學校區分）**
（根據日本內閣府男女共同參劃局，《男女共同參劃白皮書 2019 年版》繪製）

那是因為他們回答不了問題，所以才隨口搪塞、敷衍了事。假使打破砂鍋問到底，緊接著追問「這是哪裡的哪一項傳統呢？」、「這項傳統是從什麼時候開始的呢？」、「有什麼根據嗎？」，肯定會引起反感（笑），最後他們便會氣呼呼地說：「小孩子問那麼多做什麼！」這場攻防戰也就這麼劃下了句點——而這正代表大人宣告敗北。

我曾經找到一份非常有趣的資料，是日本在二〇一八年針對滋賀縣大津市各級學校的男性學生會長比例所做的調查（表 1）。在日本小學的兒童學生會中，會長雖然是男女各半，在中學和高中卻是男生佔多數，或許年級越高越會染上成人世界的習性吧。在高中，男性學生會長的比例稍微下降，也許

| | 小學 | 中學 | 高中 |
|---|---|---|---|
| 幹部 | 45.0% | 36.9% | 34.6% |
| 會長 | 50.0% | 88.9% | 60.0% |

**表 1　2018 年度兒童學生會、學生會中男生佔幹部與會長的比例**

（引自 https://www.kyobun.co.jp/news/2019227_02。〈中學學生會長男生佔 9 成　滋賀．大津市的男女比較調查〉，《教育新聞》，2019 年 2 月 27 日）

是因為高中有女校，女校的學生全部都是女生，學生會長當然也會是女孩子。有人說女校才能夠培養女孩子的領導能力，畢竟能力的成長，端看妳被放在什麼樣的位置。那麼，妳所在的地方又是如何呢？試著比較看看應該很有意思吧。

妳說得沒錯，女孩子沒有理由不能當學生會長。如果學生會確實是以民主的方式運作（也就是完全不受老師的想法左右），那麼女生只要成為學生會長候選人、在選舉中獲勝就好了。事實上，透過這樣的方式成為學生會長的女孩子比比皆是。

女孩子要扯下學校「傳統」這條又臭又長卻毫無根據的裹腳布、成為有史以來第一位學生會長候選人，或許需要一點勇氣。不過如果周遭的人願意支持她，而她也真的當上了學生會長的話，大家就會馬上明白女孩子當學生會長是多麼尋常的事。只要有人開了先例，後續也就比較容易出現第二個人、第三個人——妳是不是也願意試試看呢？

# 不像男生就不行嗎？

Q2

比起在外頭玩耍，我弟弟更喜歡看書和堆積木，托兒所及學校的老師都說他「不像男生」。那麼，「像男生」指的到底是什麼呢？

A2

托兒所和學校老師八成覺得男孩子都「喜歡在外頭玩耍」、女孩子都「喜歡看書和堆積木」吧？而且他們想必也會認為喜歡「在外頭玩耍」更勝於「玩娃娃或看書」的女生一點都「不像女生」吧？

其實這就叫作刻板印象（對於女孩子的形象與男孩子的形象有固定的看法或偏見）。老師會習慣建立刻板印象，是因為把男生和女生套入固定的模具、用同樣的方式對待會比較好控制。不只是像女生或像男生，還有像小孩子、像高中生、像日本人等等，有各種各樣的模具可以代入。但是一樣米養百樣人，為什麼他們會把事情想得這麼簡單呢？這些大人的腦袋瓜莫非無法處理太複雜的資訊？

請大家看看自己的周遭吧。世界上有各式各樣的女生和男生，有不像女生的女生，也有不像男生的男生；有不像大人的大人，也有不像老師的老師，類型非常多，而我們就稱之為「個性」。所謂的個性是無法和別人交換、也沒有辦法被取代的。妳弟弟的個性就是「喜歡看書和堆積木」，讓他的個性好好發揮出來，正是教育的功能。堆積木這項遊戲可以培養他的立體感，將來他說不定能從事雕刻、建築，或是研發立體投影技術。

如果妳遇到的是會磨平這種個性的教育，就大膽地拒絕吧！

# 顏色也分成女生的顏色和男生的顏色嗎？

Q3

比起粉紅色或紅色，我妹妹更喜歡藍色跟黑色，所以她的衣服和書包總是只有這兩個顏色，而且她還留著一頭短髮，別人都說「看起來很像男生」。她這樣是不是有點「奇怪」呢？

A3

粉紅色和紅色是女孩子的顏色，藍色和黑色是男孩子的顏色；長頭髮的是女生，短頭髮的是男生──這樣的偏見不知道是從什麼時候、在哪裡、又是怎麼樣被灌輸的呢？真想聽聽小寶寶怎麼說。莫非女寶寶會自然而然地把手伸向粉紅色或紅色，男寶寶則是看到藍色或黑色就會笑個不停？根據研究指出，小寶寶喜歡的是紅色或黃色這類清晰明亮的顏色，那麼，把手伸向紅色的男寶寶難道就會被說「好像女生」？以前在日本，嬰兒出生的時候，如果是女孩，就會收到有荷葉邊的嬰兒服；如果是男孩，就會收到藍色的包巾當禮物……正是「周遭」這樣的作法塑造了女生的顏色和男生的顏色。我在前面的Q2其實已經講過了，這就叫作刻板印象。

只要到小學裡看看，就會發現書包的顏色經常都是固定的。因為日本的書包並不便宜，所以大部分都是爺爺奶奶送的，而老人家總是會基於先入為主的觀念，給孫女買紅色或粉紅色的書包，給孫子買黑色書包。近來的書包有越來越多種顏色，選擇綠色書包的女生或是選擇粉紅色書包的男生，是不是也會被認為「很奇怪」呢？就算無論如何都想要選擇不同的顏色、努力去爭取，往往也會被大人說服，最後女孩子還是用紅色或粉紅色，男孩子還是用黑色，這是因為大人會擔心「要是只有自己的孩子選了不一樣的顏色，在學校可能會被排擠或霸凌」。但是呢，我也說過了，小孩的世界就是大人社會的縮影，塑造女生的顏色、男生的顏色這些刻板印象的，不是小孩，而是大人。小孩子模仿大人，也在心裡形成了刻板印象，才會覺得那些不符合刻板印象的小孩「很奇怪」，因而去排擠人家。

如果大家都可以自由選擇各種顏色的書包呢？假使每個人穿的衣服都不一樣呢？要是膚色或眼珠的顏色也都不同呢？每個人都不一樣的話，就不會有誰顯得特別奇怪了吧？因此我才認為應該要取消制服，規定女生穿裙子、男生穿長褲，到底有什麼依據？仔細想想，根本毫無理由。裙子的裙襬會透風，冬天穿很冷，也不適合走動跑跳。雖然有些女生制服開始可以選擇穿長褲，但也不是每一間學校都採行這樣的作法。那麼大家乾脆都不要穿制服不就好了嗎?而且制服往往不經洗,不管男生或女生,穿著可以讓他們自在地跑跳又耐洗的T恤或牛仔褲才是最適合的。色彩繽紛的T恤上印有商標或圖案,可以藉此標榜每個人的個性,教室裡也會變得多彩多姿。現在除了有不用穿制服的學校,也有不想貿然決定自己是男生或女生的孩子,要是非得在長褲和裙子之間二選一,未免太不自由了。

「大家都一樣」的學校和「大家都不一樣,不一樣也很好」的學校,哪一間才能真正發揮孩子的創造力呢?答案很明顯,當然是後者。當下的日本教育完全跟不上世界的變化,真的讓我非常擔心。從書包的顏色談到教育的未來,雖然話題看起來很跳躍,但所謂見微知著,往往就是透過這些小事一點一滴累積,最終才奠定了我們的社會。

# 成為理工科的研究者是男生的目標?!

Q4

我的夢想是成為理工科的研究者，不過負責升學輔導的老師卻告訴我這對女生來說太困難了。不只做研究需要體力，日本的諾貝爾獎得獎者歷來也全都是男性，事實擺在眼前，所以女孩子真的沒辦法成為理工科研究者嗎？

A4

這位負責升學輔導的老師是不是不太了解社會現況呢？可能是因為他把時間都花在校務上了吧。世界上根本沒有「女生不適合理工科」這樣的事情。雖然做研究對體力的負擔很大，但出去工作或是帶小孩同樣很耗體力，研究者所需要的體力畢竟無法和搬家工人相提並論，對女孩子來說絕對是足以勝任的。有人會說女生通常數學不好，那也是因為從小就被「男生比較擅長數學」這樣的刻板印象影響，貶抑了女生的能力。所謂取決於女性腦或男性腦這樣的說法，根本是毫無根據的「偽科學」。

日本政府現在死命地想培養「理科女」（專精理工科的女生），為此可說絞盡腦汁、卯足了全力。理科女會比較容易透過推甄入學，也更有機會拿到獎學金，可說好處多多。*而之所以如此，也是因為和外國比起來，日本歷來的理科女實在太少了。雖然老師說得沒錯，「日本的諾貝爾獎得獎者只有男性」，但是國外卻有女性科學家獲得諾貝爾獎，瑪麗・居里甚至曾經兩度獲獎（物理學獎與化學獎）。那麼為什麼日本的諾貝爾獎得獎者通通都是男性呢？「就是因為有像老師這樣潑女孩子冷水的人啊。」妳不妨這樣告訴老師吧（笑）。

像這位負責升學輔導的老師這樣的思考方式，在性別教育學的概念裡，就是一種「性別跑道」（gender tracking）的教育。在田徑比賽中，跑步的時候要跟著劃線的跑道方向跑，以這樣的方式為出發點，便形成了女生的跑道及男生的跑道，而「性別跑道」指的就是叫孩子循著跑道、不要越線的教育方式。這樣的教育可是會扼殺女孩與男孩的個性呢。

至今為止，男性確實在研究領域佔有壓倒性的好處，但這並不是因為男性的大腦構造特別擅長理工科，而是由於他們處於相對容易獲得研究者職位的社會環境，可以不用做家事、帶小孩而埋首研究，經常能獲得發

＊ 參照日本內閣府男女共同參劃局，「理工挑戰——中學女生、高中女生・女學生對理工科系領域的選擇」（www.gender.go.jp）。

表研究成果的機會。不過全球的局勢瞬息萬變，如果真的有心從事創新（革新）事業，不管是男是女，全世界都會注意到的。此外大家也都知道，想要發展技術（技術革新），在開發科學技術的第一線就不能只顧性別，要任用各式各樣的人才。

這是因為女孩子會有和男孩子不一樣的創意，或是會採取不一樣的作法。日本這個國家、日本的男性以及學校老師的思想，都已經遠遠被這個時代拋在腦後了。妳今後的人生會比這位老師的人生要長得多，千萬別因為老師的一句話就否定了自己所蘊含的無限可能性。

# 點名簿上的第一位為什麼總是男生？

Q5 我們的學校是男女合校，但點名簿上總是男生排在前面，這是為什麼呢？

A5 這真是令人想不透對吧？點名簿如果是從男生開始，那麼照順序點名時就會是男生在前面、女生在後面。領畢業證書的時候也是一樣，照著點名簿的順序就是由男生先領，等男生全部領到畢業證書後才換女生上台領——到底是從什麼時候開始變成這樣的呢？

日本的小學是從明治時代開始設立的，或許從那個時候開始，就根據「男女七歲不同席」的古訓分成了男生座位跟女生座位而影響至今。升上中學之後，在二次大戰之前都是男女分校，到了戰後則改革學制，不只是初等教育，連中等教育都變成男女合校，在佔領區美軍的指令之下，原本採行男女分校的舊制中學與舊制高等女校於是合併了，但從那時開始，點名簿上或許就是男生在前、女生在後了。那麼日本的高等教育——尤其是大學的情況又如何呢？在戰前的一九一三年，東北帝國大學（現在的東北大學）首次批准女學生入學，五年後，北海道帝國大學（現在的北海道大學）也開始招收女生。不過除了幾間大學這麼做之外，其他學校還是不收女生，但戰後的新制大學則幾乎都變成了男女合校，也就徹底改採男女混合的點名簿。在點名簿上把男女生混在一起，對校方來說並沒有什麼不方便，大學裡的體育課雖然會根據各校規則及體育項目的不同而分成男女類別，但也完全不會因為點名簿混合而造成不便。在大學明明沒有問題，在小學、中學和高中卻不是這麼一回事，這一點真是令人匪夷所思。也就是說，在點名簿上依照男生跟女生排序，其實沒有什麼合理的根據。

明明沒有根據卻一直這麼做，就稱為「習俗」或「傳統」。這項習俗所呈現的，便是男性在所有面向都比女性「優先」的成見（或叫社會共識）——走在前面的是男性、先用餐的是男性、會長是男性、領導人是男性……這些成見不也反映在點名簿上了嗎？這樣的點名簿，正是「男性優先」的偏見變得「理所當然」的幫兇。

其實並不是只有妳對這件事感到納悶。一九九〇年代，日本曾有女老師因為「覺得怪怪的」，而發起了採用混合點名簿的運動。然而這些老師的運動遭受到了各式各樣的阻力，有人認為「不分成男女生就不方便」，也有人宣稱「這是歷史悠久的傳統」，但這些反對的理由都沒有半點說服力，最後，各地採用混合點名簿的學校仍舊增加了。在日本，小學與中學的教育行政是由市、町、村的公所負責，高中則是由都、道、府、縣的政府單位負責，因此在反對聲浪較大的地方，採用混合點名簿的情況就沒有那麼普遍。也有一些學校採行了混合點名簿之後又被反對派推翻，只得重新採用依男女性別排序的點名簿。妳所就讀的學校位在哪裡呢？該不會就在跟不上潮流、擁護「傳統」的老頑固所在的地方吧？

男女混合的點名簿如今在日本被稱為「不分性別點名簿」。要是學校採用依男女性別排序的點名簿，班上又有ＬＧＢＴＱ（參照第一三〇頁）族群的孩子，那麼該把他放在哪一邊才好呢？不只老師會不知所措，本人恐怕也無所適從吧。我想這種無法與時俱進的「習俗」與「傳統」，還是早點捨棄比較好。不過要做到這一點，就得有人率先發難，身旁的人也得跟著附和，去說服那些安於現況的人、抵擋那些反彈的聲浪……只不過想要更改點名簿就得耗費九牛二虎之力，真是不容易啊。

推動男女混合點名簿的女老師曾說過下面這段話：「雖然並非什麼驚天動地的壯舉，只是一點小小的改變，但在這段期間，我們幾位女老師踴躍提出了自己的看法，也讓職場的風氣變得更開放，比起結果，這樣的過程讓人更有收穫。」

妳的問題很短，我的回答卻很長，因為我希望妳明白，就算只是一點點的變化，但只要有想改變的人存在，就有機會改變，但也要知道若是輕忽大意，便可能走回老路。最重要的是，只要妳想改變就一定可以有所改變，職場上「負責泡茶」的女性就是因此銷聲匿跡的。

請妳今後也務必好好珍惜那份「覺得怪怪的」心情。

# 該怎麼看待沒有辦法全心投入工作的人呢？

Q6

我們的班導因為家裡有小朋友，所以總是傍晚五點就準時下班，每當小孩感冒發燒的時候，她也老是馬上就請假回家，虧我還想在下課後留下來跟她討論升學的問題……老師明明要顧小孩卻又當我們的班導，我認為這樣很沒有責任感。向朋友提起這件事時，她卻說我「沒有同理心」，但我覺得要是承擔不了責任，那她本來就不應該當班導。

A6

在日本，小學老師有百分之六十二・二是女性，中學老師則有百分之四十三・五是女性（圖1），我曾聽說小學生的家長要是知道孩子的班導是男性，往往會像「中頭獎」那般鼓掌叫好。而班導是女性之所以讓人覺得「落空」，大概是因為有可能會像妳的班導那樣常常請假吧？

不過，就算是男老師，有的人家裡也會有小朋友吧？那麼為什麼男老師不需要請假呢？妳想過這個問題嗎？那往往是因為老師的太太是「偽單親」*，所以男老師才會不需要負擔任何家庭責任。至於女老師，就算也有另一半，但丈夫如果不幫忙分擔，她就不得不請假了吧。學校裡雖然經常有男老師和女老師結婚的情形，然而一旦家裡有事，往往也是由女老師來承擔，而非男老師。

妳認為「養兒育女是女性的天職」嗎？在日本，產假最多三個月，雖然有育嬰假，但親餵的期間約莫一年，之後就算是爸爸，也可以負責接送孩子到托兒所，或是幫忙洗澡、換尿布，所以要說沒有爸爸幫得上忙的事情，那可就太見外了，畢竟父母是在有了小孩之後才開始學當父母的。根據調查顯示，父親在孩子還小的時候如果會幫忙照顧，孩子長大後彼此的關係也會比較親密。咦？妳說和爸爸沒有話好說，也沒有話想說？親子關係這麼疏遠，未免太令人傷心了。但真要說起來，也算是爸爸自作自受吧？

不管是男老師或女老師，妳覺得只要家裡有小小孩就不應該當班導對嗎？明明無法負起責任卻要佔著位子，實在是沒有責任感——這麼說來，班導最好是找不用顧小孩的單身老師，或是小孩已經長大了的資深老師囉？因為要照顧小孩所以不讓人接手重要的工作算是一種體恤嗎？這樣的作法要持續到孩子幾歲的時

* 偽單親引申自「one operation」一詞，原本指個人在職場上單打獨鬥、必須一肩扛下所有工作，後用來比喻女性獨力照顧小孩。

候呢？

擔任班導是一份責任重大又很有意義的工作，如果妳的老師剛剛生完小孩回到崗位，校方卻因為她要照顧小孩所以暫時不讓她當班導，她會怎麼想呢？

妳的朋友之所以說妳「沒有同理心」，就是因為這樣。她是「將心比心」地設想過這件事，才覺得妳沒有同理心。所謂的「將心比心」，指的就是想像力。妳朋友或許是想到自己將來有一天也會當媽媽，所以才說出這樣的話吧。

不把重要的工作交給必須照顧小孩的人——尤其是母親，這樣的「體貼」不只出現在學校，在社會上的每個地方也都是如此，但這其實是美其名為體貼的「歧視」。要是妳將來有一份工作又生了小孩，說不定也會這樣想吧。所謂風水輪流轉，要是因為這樣而歧視別人，難保自己哪一天不會遭到同樣的歧視呢。

照顧小孩和承擔工作上的重責大任，就像魚與熊掌那般難以兼得嗎？要是試著付出更多心力擔負起責任是不是就可以了呢？就算不能在放學後找老師當面討論升學問題，透過 LINE 或聊天室，說不定更容易吐露真心話。即便老師五點一到就回家，也並沒有違反工作規則，超過時間還待在學校其實就是「加班」了，不管是男老師或女老師，大家都應該盡量不要加班，準時回家才對。什麼？妳說沒有半個男老師會準時回家？聽說待在公司的時間越久，越會讓別人覺得自己「工作勤奮」，真的是這樣嗎？如果可以提升效率、準時把工作完成不是更好嗎？而且男老師不用在五點就下班回家，難道不是因為妻子早就趕回去了？身為老師，要是不重視自己的家庭，還會重視別人的小孩嗎？正是因為關愛自己的孩子，才能體會天下父母心，所以老師如果當了父母，對學生來說不也是好事一樁？

妳的想法雖然看來合情合理，但那是在當下短暫的時間跨度裡所做的判斷。要是放眼未來，許多短時間內看來合理的判斷，長期看來都會顯得沒道理，因此不妨放寬心胸，用更廣闊的視野來看待事物吧！

# 在家裡，為什麼老是感到鬱悶？

第2章

# 把時間都花在工作上的錯

Q7

我父親很會做菜，也跟母親一樣擅長做家事，但是他每天都會加班，家事一直都是母親一個人在做，父親完全幫不上忙。他們兩個常常因為這樣吵得不可開交，這究竟是誰的錯呢？

A7

一般來說，父親不做家事的理由有三種：第一是不會做，第二是不做（不想做），第三是沒時間做——妳的父親屬於哪一種呢？如果是第一種不會做的人，只要好好學習、練習，多少就能學會。妳的母親也一樣，她並不是天生就會做菜或做家事吧？好險妳父親並不是「不會做家事」的人，這或許是因為他在雙薪家庭長大，所以從小就會幫忙家務；也或許他是在搬出老家一個人生活很長一段時間後，才學會了做家事。

而妳母親能找到一個「很會做菜」的對象也真是幸運，但實際上他卻毫無用武之地、「完全幫不上忙」，畢竟他常常加班，也就是基於第三種理由，根本沒有時間做家事。不過，真的是這樣嗎？確實有很多日本男性宣稱自己不做家事、不帶小孩，是因為

「就算想做也沒時間」。

沒有時間是因為時間都花在工作上，時間都花在工作上是因為經常得加班，而經常加班則是因為拒絕不了——果真如此嗎？

我們其實是可以拒絕加班的。因為所謂勞動契約所支付的薪資，是針對固定的勞動時間（每週四十個小時，也就是一天八小時、一週五天），如果加班就必須支付相應的「加班費」。妳的母親雖然也有工作，但或許她的工作比較不需要加班，又或者她可以拒絕加班而回去做家事、顧小孩，既然如此，妳父親也沒有理由不能這麼做。

然而，老闆認為有需要而要求員工加班，員工一旦拒絕就可能造成職場上的負面影響，又因為沒得領加班費所以薪水無法成長，獎金說不定還會被砍，更可能升遷不了——所謂「不能不加班」大抵是因為這樣。簡單來說，就是比起家庭，妳父親選擇以工作優先。大多數的妻子可能都對丈夫抱有這樣的期待，希望他賺更多錢、希望他升官，而且沒事盡量不要待在家裡——有這種想法的妻子似乎不在少數（笑）。如果是這樣，妻子就不會向丈夫發牢騷，但妳的母親並非如此。比起事業，她希望丈夫能把家庭擺在第一位，就算不是第一位，至少可以少加一點班、分擔自己肩上的重擔，她希望丈夫更重視家庭，也就是更重視自己這個妻子，所以兩個人才會常常「吵得不可開交」吧。吵架代表母親坦白吐露自己的想法，也是夫妻之間開誠布公的證明，要是母親默默把所有不滿都往肚子裡吞，夫妻兩人恐怕也吵不起來。

已經十幾歲的妳，有一天遲早會離開家。如此一來，家裡就只剩下母親和父親兩個人了，一如雛鳥離巢那般，這在社會學的概念裡叫作「空巢期」。面對空巢期的夫妻要怎麼樣才能和睦相處呢？那就要靠過往日積月累的彼此珍惜的經驗了吧。夫妻雙方若只有其中一方不斷累積不平衡與不滿的情緒，一旦到了臨界點就會引爆——請妳一定要提醒父親。

順帶一提，要是碰到經濟不景氣，加班的需求自然會減少。不需要加班的行業或是申請到育嬰假的「有閒」丈夫，都是如何利用那些時間呢？調查結果顯示，這些有閒的丈夫大多把時間花在個人的興趣，而非做家事或帶小孩。這種情況下，丈夫不做家事或不帶小孩並不是基於第三種理由「沒時間做」，顯然是出自第二種理由，也就是「不想做」。個中原因只有一個，那就是「自己不做沒關係，反正妻子會做到好」，畢竟過去社會上普遍認為做家事和帶小孩不是男性份內的事。即便這樣的成見根深柢固，但如果是單親家庭，當爸爸的就不得不硬著頭皮一肩扛起做家事跟照顧小孩的責任，那麼就算是不擅長的家事，做著做著也會漸漸變得熟練吧。

要是家事可以交給丈夫，妻子說不定就可以趁這個時候去旅行，甚至放鬆下來生一場病。有個笑話是說妻子感冒發燒而臥病在床，丈夫卻在出門前「體貼」地對她說：「我會在外面吃飽再回來，妳不用擔心。」那麼妻子的晚餐又該怎麼辦呢？日本的夫妻關係演變成這樣，實在太奇怪了。

最後要確認的一點是，為什麼日本的公司會一天到晚加班？其實是因為他們經常遇缺不補，改讓正式員工加班來達成工作績效。聘用足夠的員工做事好讓大家可以準時下班，還不如支付少數員工加班費划算，而育嬰假之所以很難請也是基於同樣的理由。其實要是大家都用不著加班，妳的父親拒絕加班所造成的個人負面影響也能夠降到最低呢。

# 光是上課還不夠

Q8

我們現在的家政課是男生跟女生一起上，我覺得不分男女、共同教學是很有意義的。而且最近的家政課課程變得豐富又有趣，彷彿大家可以一起開創多彩多姿的社會，感覺很有意思。但我覺得光是上課還不夠，比如上烹飪課的時候，就有男生會說：「這明明是女生份內的事，為什麼我也得學……」上野老師，如果想將學校的上課內容和現實社會連結起來，我該怎麼做呢？

A8

妳知道嗎？日本的家政課改成男女共學在中學是從一九九三年開始，在高中則是自一九九四年開始。在那之前這門課叫作「技能．家庭」，男生受的是技能教育，女生受的則是家政教育，其中男生也會上體育課。技能教育指的是機械或木工等，家政教育則是指烹飪或服裝（裁縫）等，稱為男女的「特性教育」。

不過，支撐一個家庭的並非只有女性。女生如果會拿槌子做一點木工，男生如果會做菜或縫紉，絕對都有益無害。在戰前，士兵似乎都會自己縫鈕釦或襪子的破洞，畢竟軍隊中沒有女性，所以非得自立自強不可。

家政課採行男女共學後，家政教育已經不再是僅有烹飪或裁縫等生活技能類的教育了，變成一門非常重要且深入的科目，男生和女生必須一起在課堂上好好思考家庭應該是什麼樣子、家庭與社會的關係又會怎麼改變。不妨看看家政課的老師，他們並不是因為很會做菜或拿針所以才當家政課老師，現在的家政課也有男老師，許多老師是不是都很有個人特色又風趣呢？這是因為家政課所探討的家庭本身發生了很大的變化，這門課於是成了極具挑戰性的科目，不管多麼充滿實驗性的內容都有十足的發展空間。

如果說家庭是由男女共同支撐的，那麼比起特性教育，不如讓女生也學習她不擅長的技能教育、讓男生也學習他不擅長的家政教育，這一點才是最重要的。過去日本就曾有一群家政課的女老師認為男女接受同樣的教育是必須的，於是她們在一九八〇年代發起相關運動，推動官方部門文部省（現在的文部科學省）改變，不因為這不是考試科目而置之不理。而這當然也曾經受到老一輩的反對與抵抗，最後克服了種種難關，如今男生跟女生才能一起上家政課——這些女老師真是有膽量呢，而現在的家政課老師往往也受到這些前輩的影響，個個藝高人膽大。

上著這樣的課，卻嘟囔著「這明明是女生份內的事」，真是古板的男生呢。他家的觀念想必也認為「做家事和帶小孩是女人的事」，也就是媽媽一個人的事吧。這種人在未來一定會絕種，所以不妨這樣對他說吧：

「要是連這點事都做不到可是沒有辦法結婚的喔，畢竟現在這個時代跟你爸媽那個年代已經不一樣了！」

## 我想當全職主婦！

**Q9**

離了婚的媽媽從小就對我耳提面命，說女生一定要經濟獨立，老實說我已經聽到耳朵都要長繭了。我就想嫁給職業足球Ｊ聯賽的選手或ＩＴ企業的有錢老闆當不用工作的貴婦，難道不行嗎？

**A9**

原來是想成為灰姑娘、像其他女生一樣「飛上枝頭當鳳凰」呀！聽起來真是不錯呢（笑）。

但話說回來，妳自己擁有當鳳凰的本錢嗎？下面就來檢視一下吧！

身為「職業足球Ｊ聯賽的選手或ＩＴ企業的有錢老闆」，肯定很有自信又充滿魅力吧？但這樣的男人往往會希望妻子擔任輔助的角色，所以才會有「賢內助」或「成功的男人背後都有一個女人」這樣的說法。想和這樣的男人結婚，妳就要有一輩子當配角、永遠當不了主角的覺悟，就像一直協助男孩子社團活動的「女子社團經理」那樣。

而且想要嫁給「職業足球Ｊ聯賽的選手或ＩＴ企業的有錢老闆」的女孩子可不

是只有妳一個。這樣的男性身邊會有很多仰慕者，想要勝出就得一一打敗她們，加上這些人通常忙得沒時間談戀愛，所以很可能會憑第一印象判斷。此外，身為他們的妻子，就像名聲與財富那樣具備向外人炫耀的功能，所以他們也往往會以貌取人（選擇的對象要有讓人羨慕的長相或身材），這也就是為什麼很多「職業足球Ｊ聯賽的選手或ＩＴ企業的有錢老闆」的太太以前不是空服員（cabin attendant），就是模特兒或主播。

這樣的妻子在英文裡稱作「花瓶太太」（trophy wife），就像證明獲勝的獎杯那樣用來彰顯丈夫的地位。其中最典型的例子，大概就是美國前總統唐納・川普的第三任妻子梅蘭妮亞，原本是模特兒的她身材高䠷、服裝品味出眾，是個十足十的美人胚子，但因為幾乎不發表意見，所以總是讓人忘了她的存在。

又因為「職業足球Ｊ聯賽的選手或ＩＴ企業的有錢老闆」不會有時間兼顧家庭，所以想娶的通常是會做家事、帶小孩又不會有絲毫怨言的妻子。但如果光靠年輕的太太持家可能會力不從心，因此要是有娘家的幫忙就再好不過了。這樣說來，雖然是相同條件的對象，但有娘家在經濟上或人力上援助會更叫人放心。那些能夠在專業領域發光發熱的男人，很多都是出生自從小就願意砸大錢栽培小孩的有錢人家，這樣一來他們也就會希望找到門當戶對的對象。

接著就來把這些條件整理一下吧。

要成為「職業足球Ｊ聯賽的選手或ＩＴ企業的有錢老闆」的妻子，需要具備哪些條件呢？首先家裡要有錢、要有出色的容貌和出眾的身材並努力維持、要盡可能從事空服員或模特兒這類容易吸引別人目光的工作、要從一群女性當中勝出、做家事跟帶小孩要一把罩、不會哭哭啼啼或發牢騷、要照顧好丈夫的健康，還要適時發揮外文能力和社交能力，並且有所覺悟一輩子都要當一個成功男人背後的女人……這些條件妳都具備了嗎？

要是沒有的話還是請妳早點死了這條心吧（笑）。

何況結婚並不是「終點（目標）」。灰姑娘的故事結局雖然是「王子和公主從此過著幸福快樂的日子」，但接下來的日子可是漫長得很，婚後才驚覺「失敗」的也大有人在。事實上，妳的母親不就是因為婚姻觸礁而選擇了離婚嗎？有些妻子即使心知婚姻觸礁也不願意離婚，因此過得更痛苦——比如那些遭到家暴（domestic violence）的女性。說起來，Ｊ聯盟的選手個個高頭大馬，感覺臂力都很強，要是被他們家暴的話……真是光想就讓人頭皮發麻。

所以妳母親說的話其實沒有錯。她吃過的鹽比妳走過的路還要多，總是從失敗的經驗當中記取教訓，就算妳已經聽膩了她那一套，但那卻是很有道理的一套。我能理解在妳這樣的年紀想要反抗母親的心情，但是呢，選擇和自己門當戶對的對象組成舒適的家庭難道不是更好嗎？不用區分誰是主角、誰是配角，而是兩名主角彼此扶持過生活，豈不是很棒？

人生是一連串的選擇，其中也會有失敗的選擇。從失敗中記取教訓是很重要的。因此母親對妳提出的最低要求是「經濟獨立」，其實她就是最好的身教呢。

# 我才不想變得跟媽媽一樣！

Q10

我媽媽是個十全十美的全職主婦，就像會出現在雜誌 *Very* 或 *Story* 裡的人那樣，既時髦又很會做家事，和爸爸的感情也很好。可是我並不想像她一樣把一生都奉獻給家庭，我這種想法是不是背叛了媽媽呢？

A10

哎呀呀，這跟上一個問題可是完全相反呢。

妳的媽媽是像 *Very* 的讀模（讀者模特兒）那樣的女性嗎？不僅沒有半點糟糠味（這樣的比喻妳大概不懂吧？畢竟現代的家庭也很少有米糠了），又有錢打扮，這樣說來妳爸爸應該也很會賺錢吧？雖然她是人人稱羨、想要像她一樣的「範本」，但對妳來說媽媽卻是反面教材（counter model），一點都不想變得像她一樣。

這是為什麼呢？

媽媽過得幸福嗎？她希望自己的女兒也過著跟自己一樣的人生嗎？就算不說出口，

母親的想法多少還是可以傳達給女兒吧。

如果她覺得自己過得很幸福，當然就會希望女兒和她一樣過著幸福快樂的人生，但也有一些媽媽自己的人生很不幸，卻希望女兒跟隨她的腳步，因為不管幸福或不幸，那一輩的女性似乎很難想像除了眼前的人生之外還能有什麼選擇。正如同妳能感受到媽媽不說出口的「期待」，妳也會擔心如果違背了那樣的「期待」，是不是等於「背叛」。

就算媽媽真的過得很幸福，妳也「不樂見」她那看來「奉獻給家庭的一生」，要是套用前一題（Q9）的答案來回答，就是只能當配角而當不了主角的人生吧。而身為接受「奉獻」的家庭成員，妳自己大概或多或少也對媽媽感到歉疚，所以才會用「背叛」這麼強烈的措詞。

我們不妨從兩個面向來思考這件事——前此女人的一生以及此後女人的一生，也就是過去和未來的世代差異。

先來看看媽媽那個年代的女性在人生路上有哪些選擇呢？妳媽媽婚前有沒有工作？她是在怎樣的家庭成長、又受到怎樣的教育？如果她不選擇嫁給妳爸爸，人生會有什麼不同？畢竟很少有人打從一開始就是全職主婦，妳媽媽那個年代的女性在婚前肯定都有工作經驗吧？把工作辭掉之後，才成了所謂的全職主婦。如果媽媽沒離開職場，現在的她會是什麼樣子？媽媽的女性朋友當中，有沒有一直在職場上打滾的人？媽媽是不是曾經拿對方和自己比較呢？

當然，不論選擇哪一種人生，肯定都有得有失。媽媽想必對自己當初的選擇很滿足，但人們對於回不去的過往，總是傾向在事後將它合理化。而支撐著媽媽的幸福的，是夫妻之間融洽的感情，妳爸爸既不會搞外遇也有正當工作，不會對媽媽拳打腳踢，是標準的好好先生呢。

如果媽媽對自己的人生充滿了肯定，想必也希望妳過著和她一樣的人生吧。這是她那個年代的女性僅有的選擇。

那麼妳所屬的未來世代的女性又擁有怎樣的人生呢？

和上一輩不同，女性和男性所處的環境有了相當大的變化，所以妳爸媽現在的生活型態在將來恐怕會陷入困境。如次頁圖2所示，如今夫妻都有工作的雙薪家庭已經比光靠一份薪水的單薪家庭還多，妳家其實是屬於少數的單薪家庭*。

像妳爸爸那樣一份薪水養活全家人綽綽有餘的男性，在如今的

* 譯註：一如圖 2 所示，早期的日本社會以男主外的單薪家庭佔多數，妻子較少外出工作，全職主婦是很普遍的現象，而這樣的情況在近年來則產生了劇烈變動。

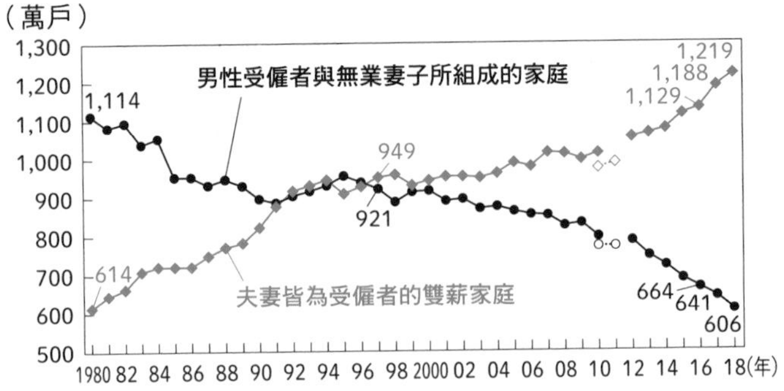


圖 2　日本雙薪家庭的變遷

（根據日本內閣府男女共同參劃局，《男女共同參劃白皮書 2019 年版》繪製）

日本大幅減少。要讓女性不需外出工作而足以維持家計、不虞匱乏，那麼未來丈夫的年收入至少要有六百萬日幣，然而根據求職網站doda的資料（二〇一九年）顯示，二十到三十歲的日本年輕人當中，只有百分之三．三的人達到這樣的水準，三十到四十歲的人當中則有百分之十七．〇達標，而且這些人很可能已經結婚，因此要認識高收入的未婚男士機率很低，可說戰況激烈，難上加難。至於平均薪資水準，二十到三十歲男性是三百六十七萬日幣，女性是三百一十九萬日幣，所以只要夫妻都有工作，總收入就會超過六百萬日幣。家庭有兩份收入的話經濟上相對較有餘裕，因此未來妳這一代的男性大概都會希望妻子也能外出工作、分擔家計吧。也因為這樣，有越來越多男性認為比起想當全職主婦的女性，能夠賺錢養家的女性更適合當妻子。一輩子背負一名成年女性的生活是很沉重的負擔——日本男性大概也開始這麼想了吧。

另一方面，和妳媽媽那個年代相比，如今女性活躍的機會也大幅增加了。希望女性外出工作的不只是未來的丈夫，公司企業和社會風氣也有一樣的期待。他們終於明白如果不這樣，社會是無法順利運作的。

十幾二十歲的當下，正是面對各式各樣的選項、興奮地規劃今後人生的時刻。在這個年紀沒有必要限縮自己的選擇，因此不妨告訴媽媽「妳擁有她那個時候沒有的選項」，如果她是真心為妳著想，就算妳選擇的不是她希望的方向，她肯定也會打從心底為妳加油打氣。

# 當女生真是吃虧?!

Q11

每次去爺爺家玩，哥哥跟弟弟都可以拿到零用錢，卻只有我沒有。爺爺還會當著我的面說「如果妳是男孩子該有多好」。難道女生就這麼一無是處嗎？

A11

哈哈，妳爺爺還真是好懂呢！

他是哪一年出生的呢？在他那個年代，如果生下來的是女孩子，周遭的人八成都會很失望，甚至有「女孩子是賠錢貨」的說法。當時一出生就會因為性別而產生不同的價值，簡直莫名其妙，真是不可理喻的時代呢。

這是因為以前的父母認為養小孩既耗體力又花時間，如果養的是女孩子實在划不來，也就是回不了本。畢竟嫁出去的女兒就像潑出去的水，即便花大錢讓她接受教育，未來也不可能出人頭地、有所回報，投資報酬率根本是零。因此給其他兄弟「零用錢」，對爺爺來說就是一種「投資」，在他心中，男孩子有投資的價值，女孩子則沒有投資報酬率可言。

這樣的心態不只反映在零用錢上面。以前的父母更會明擺著區分值得投資的孩子和不值得投資的孩子。像是只有一家之主和長男可以吃到一條完整的魚，或是只讓兒子接受高等教育、女兒則沒有受教權，甚至需要家裡的姊妹工作賺錢好供其他兄弟繼續升學，在現代看來，真是令人驚訝到下巴都要掉下來呢。

在爺爺那個年代，這些的確都是合理的選擇。畢竟所謂的投資，就是期待將來獲得報酬所支付的費用，不過當時要是投資在女孩子身上，回本的可能性卻很低，儘管好不容易接受了教育，但女性可以發揮的領域還是很有限。

不過現代和爺爺那個時代已經不可同日而語了。女性接受高等教育是再普通不過的事，這是因為雙親漸漸明白這樣的投資是能獲得回報的。就算嫁出去也不會再被認為是「潑出去的水」，而是視為個人之間的婚姻協議，女兒是一輩子的，說不定等到將來父母年老後還會照顧他們。現代的夫妻很多都認為自己的父母要自己照顧，要是還寄望兒子的妻子——也就是媳婦——來照顧他們的起居，可就太落伍了。

所以妳不妨試著告訴爺爺：「就算你現在只投資在哥哥跟弟弟身上，他們將來也不見得會回報你，應該要連我一起投資才是聰明的作法喔！」

儘管如此，被有這種觀念的爺爺養大的爸爸（或媽媽），又組成了怎樣的家庭呢？不如也對妳爸媽說一樣的話看看，他們對妳的教育投資和哥哥、弟弟相比，說不定也有些差強人意呢。

# 男生和女生的升學方向為什麼不一樣？

Q 12

媽媽要求哥哥一定要上四年制大學，但我卻只要上二年制短期大學就可以，因為有大學學歷比較容易找到對象，這是真的嗎？我有個朋友說想讀醫學院，結果她爸媽卻說女孩子還是當護理師比較適合。

A 12

妳已經讀過Q11的回答了嗎？四年制大學的學費比只要念兩年的短期大學還要高，這種花在教育上的錢就叫作教育投資，投資有所回報則稱為投資報酬率，但妳媽媽八成認為投資在女兒身上沒辦法獲得報酬吧。其實不只是妳媽媽，至少到一九九〇年代中期，很多日本的家長都還懷有這類想法。

這樣的情形如今大幅改變，妳媽媽的想法可能已經過時了。在日本，十八歲人口的二〇一八年度四年制大學升學率是男生佔百分之五十六．三，女生佔百分之五十．一（《男女共同參劃白皮書》，二〇一九年版），女生的比率只比男生低一點，但短期大學的升學率則是女生高於男生。至於女生的四年制大學升學率首次高於短期大學，是在一九九五年，約莫從那個時候開始，日本的家長才終於發現讓女兒也接受高等教育其實是有好處的。儘管栽培一名醫生比栽培護理師要花更多時間和金錢，不過一旦當上醫生，社會地位和經濟收入就遠遠勝過護理師。說女孩子「當不了／不能當醫生」，其實並沒有任何正當理由。

妳爸媽口中的另一個理由是「比較好找對象」。在她那個年代，日本夫妻大多是「四年制大學畢業的丈夫／短期大學畢業的妻子」這樣的組合，原因很簡單，因為當時有大學學歷的女性很少。現在擁有大學學歷的男性會選擇同樣學歷的女性為對象，這是因為人們喜歡選擇和自己有相同經歷的另一半。和女生佔多數的短期大學不同，在四年制大學裡有更多機會找到心儀的對象。因此妳可以這樣告訴媽媽：「時代已經不一樣了，我還是要上四年制大學才有機會找到有相同學歷的另一半。」而且近來日本的男性也改變了觀念，認為養家的負擔很重，會希望妻子也外出工作，這樣的風氣在歐洲更是盛行。這正是令和時代的男性所面對的現實。時代風氣在改變……不妨就老實對媽媽說：「妳那時候的常識已經不管用了喔！」

# 就算是女生也想上東大！

## Q 13

我奶奶會對著準備重考、目標是上東大的姊姊發牢騷說：「我看妳是嫁不出去了。」我覺得如果是男生，她就不會說出這種話吧。為什麼女生就不能考東大或重考呢？

## A 13

嗯，這樣啊，女孩子可以上大學，但最好不要選擇最高學府東京大學，免得將來「嫁不出去」？

我在Q 12中也提到，日本四年制大學的女生升學率已經提升到百分之五十・一，雖然如此，其中卻只有東大的女學生比例一直以來都佔不到兩成。很奇怪吧？就是因為有像妳奶奶那樣叫女孩子別讀東大的爛建議。

不過，現在妳姊姊正在準備重考東大對吧？那就表示妳的父母是贊成她重考的，而且如果她的成績原本足以一拚東大，那樣的水準就算沒考上東大也能進入還不錯的大學，但她卻決定重新挑戰東大，這樣的心情，父母想必也察覺到了。到重考補習班要花一筆錢，還會比別人晚一年出社會，在履歷表上寫明曾經重考對求職可能也沒好處……就算面對這麼多不利的條件，妳的父母還是鼓勵姊姊努力追求夢想，也真是了不起。他們的想法和奶奶不一樣，畢竟歷經祖母、母親、女兒三代，時代確實不同了。

話說回來，奶奶說的話也不是完全沒道理。妳聽人家說過「雖然妹妹的成績比哥哥好，但最好不要贏過哥哥」或是「會念書的女生要懂得『裝傻』」之類的話嗎？

在東大，有好幾個只有東大男生和外校的女生可以參加、東大女生不能參加的校際（跨校）網球社。這種事在我念大學的五十年前就發生過，沒想到現在還存在，真的讓我很驚訝。至於東大男生找的對象，似乎以東女（東京女子大學）或聖心（聖心女子大學）之類的女子大學居多，也就是說，他們想找的是比社會上平均水準再高一點、但又不能比自己聰明的對象──還真是司馬昭之心，路人皆知呢（笑）。

東大男生真的很不擅長面對東大女生，因為對方跟自己一樣優秀、甚至比自己更優秀。那麼為什麼女生太優秀，男生會受不了呢？答案很簡單，因為這樣一來他們就無法「唯我獨尊」了。就這一點來說，外校的女生比較可能會對這些「唯我獨尊」的男生投以崇拜的眼光，認為「念東大好厲害」。

這樣的男性就叫作老大爺，也就是東大的男生從年輕的時候就是一副老大爺的姿態（但我這裡說的老大爺，並不是一般印象中的中高齡老人，而是指自我中心、自以為了不起，瞧不起女人、小孩與弱勢，想像力貧乏又極其遲鈍的人。這無關年齡或性別，有些女性也可能會擺出這種姿態）。因為妳的奶奶見多了這樣的老大爺，所以才會提醒姊姊念東大沒有什麼好處吧。

我們之所以覺得奶奶的建議很爛，是由於社會上太多這種老大爺了。其實東大女生的結婚率很高，並不需要特別操心，正因為女生人數少，所以在學校裡反倒搶手得很。但被高高在上的老大爺看上了有什麼好高興的呢？要是跟這樣的男生結婚，可是一輩子都要細心呵護他那「唯我獨尊」的自尊心呢。

現在這個時代和奶奶當年不一樣了，所謂的「結婚」不再是「嫁出去」，而是兩人選擇彼此共組新家庭。這樣的話，一般男生當然也會想選擇可靠又聰慧的對象。請妳為準備挑戰東大考試的姊姊加油打氣，而妳自己也要繼續向前邁進喔。

# 女學生佔兩成

Q 14

我在網路上讀到了上野老師您在東大開學典禮上的致詞（參考頁二〇三），知道東大的女學生只佔兩成時嚇了一跳，不管怎麼說，全世界明明有一半的人口是女性呢。後來又知道日本女生其實直到戰後才可以念東大，我更是吃了一驚。不曉得其他先進國家是不是也都這樣呢？

A 14

是啊，我也嚇了一跳呢。

就像Q12的回答那樣，現在日本十八歲的女性大約有半數會進入四年制大學就讀，但東大的女性升學率卻遲遲未提升，一直維持在兩成左右那麼低。其實東大的諸位老師也為這件事情頭痛不已，不斷思考怎麼樣才能提升女性升學率。不過話先說在前頭，東大可沒有什麼考試不公的弊端*，東大的女學生之所以未能增加，是因為女性考生本來就不多。女性考生的比例和女性錄取者的比例如果差不多，基本上就可以說當中並沒有歧視的問題。男生和女生的偏差值[#]分布雖然幾乎一模一樣，但偏差值高到可以上東大的女生都不來考東大，所以東大的女學生才沒有辦法增加。至於原因，或許就是因為有Q13中的奶奶那樣的人在打擊女孩子的信心吧。不只是奶奶，負責升學輔導的老師也會說「女孩子就別逞強了」，要是表示自己想考東大，身邊的人還會投以異樣的眼光，覺得「女生要考東大，真不得了呢」，如果是外縣市的女生，爸媽也可能叫她不要考東京的學校……。

其他還有更多零星小事會開始澆熄（冷卻）女生的志向（成就感），比如「女孩子不用那麼拚也沒關係」、「太能幹就不討喜了喔」等等，周遭的人會用盡各種方式打擊女孩子的自信，讓她覺得洩氣——我們不妨反省一下自己是不是也推了一把呢？

日本的女生可以進東大念書是在二次大戰戰敗後的一九四五年。在戰前要念大學必須先從舊制中學升到舊制高中，但當時的舊制中學和舊制高中全部都是男校，如果是女生的話就要去讀高等女校，而高等女校畢業後，要升學只能就讀女子師範學校（專門培育教師的學

＊ 譯註：指 2018 年東京醫科大學被揭發入學考試有黑箱作業，長年人為操縱成績以刷掉女性考生與重考生。

# 譯註：偏差值是日本一種估算學力的數值，反映的是考生在所有應試者當中的順位。偏差值越高代表順位越前面，越有機會進入好學校。

校）。關東的東京女子高等師範學校和關西的奈良女子高等師範學校，就是現在的御茶水女子大學和奈良女子大學的前身。因為當時沒有國立和公立的女子大學，所以出現了日本女子大學校（現在的日本女子大學）和女子英學塾（現在的津田塾大學）這樣的民間高等教育機構。舊制中學和高中的教育課程與高等女校不一樣，因此女生只能接受比男生低一截的教育，要是被問到：「妳連這個都不懂嗎？」因為沒有學過，不懂也是沒辦法的事。

我在前面也提到過，第一所允許女生就讀的舊帝國大學是東北帝國大學。一九一三年，剛成立不久的東北帝大根據自行判斷，接受四名女生應考，其中三名考上了。這三個人成了日本有史以來第一批女學士，更有兩個人拿到了博士學位，努力不輟地從事研究。此外在當時的日本，女生也無法就讀為了栽培醫師所創立的醫專（醫學專門學校）。日本第一位女醫師荻野吟子曾經不斷敲響醫學校的大門才獲准入學，身在一群男學生當中還受到欺負，最後終於成為了日本第一位女醫師。那時就算自醫學校畢業，也往往不能接受醫師開業考試，女性就算有能力，也不被允許挑戰既有的體制。敗戰後，新制東京大學的第一批女學生在八百九十八名新生中佔了十九名，比例是百分之二・一，她們往往圍困在人群中，忍受著男性異樣的眼光。

哎，日本女學生的歷史，就是一部充滿苦難的歷史。我有時候會想，今天女生可以稀鬆平常地想著要考哪間大學，都是拜這些披荊斬棘的前輩所賜呢！

至於國外的情況，可跟日本大不相同。經濟合作暨發展組織（ＯＥＣＤ）的會員國當中，十八歲人口的大學升學率女生比男生還要高，這純粹是因為女生的成績比較好～（笑）。其中日本的比例是最低的，在其他國家，不只是學生人數，教授或校長等職務也很多是女性。歐美的知名大學當中，不管是哈佛或劍橋都曾經出現過女校長（分別在二〇〇七年和二〇〇三年），但東大創立至今卻連一位也沒有。且東大出現「第一位女教授」是在一九七〇年，我則是東大文學院第二位女教授。不光是日本被世界各國的趨勢拋在腦後，東大更是被甩得遠遠的。

而日本女性難以接受高等教育的原因，正如前面的問題所回答的，一方面是父母和身邊的人都認為就算讓她們接受教育也回不了本（教育投資無法獲得回報），女孩子終究要走入家庭，受再多教育也是白費，不如把名額讓給男性。在女學生逐漸增加的一九六二年，早稻田大學的暉峻康隆教授於《婦人公論》雜誌上發表了一篇論文〈令人忌憚的女學生〉，同一時期，慶應大學的池田彌三郎教授也發表了一篇〈大學女禍論〉，這番「女學生亡國論」頓時在社會上引起了軒然大波。當時女生的大學升學率是百分之二・五，現在（二〇一八年度）早稻田大學的女學生比例則是百分之三十七・一，暉峻教授要是地下有知，不知道會做何感想呢。順帶一提，早稻田大學的女性教師比例目前則是百分之十六・五（https://www.waseda.jp/inst/diversity/information/data/）。

不希望女性接受高等教育的理由還有一項，那就是認為「受過高等教育的女性會變得目中無人，準沒好事」，而這正是「念東大就嫁不出去」這則神話的起源。在男主外、女主內的男尊女卑社會，女生最好各方面都比男生差一截，如此一來男人就比較好控制女人。丈夫會責罵妻子「妳這個笨蛋」，但若問他「為什麼選這種笨蛋當太太」，不就是因為對方是「（比自己還）愚笨的傢伙」所以才選了她嗎？因為可以一輩子把對方當笨蛋耍——男人就是這種頭腦簡單的生物。所以奶奶或姊姊才會親切地「勸告」女孩子，在這種頭腦簡單的人面前就好好地「裝傻」，於是東大的女生就算比男生聰明，也要「懂裝不懂」。

不過呢，「裝傻」把「頭腦簡單的生物」玩弄在股掌間，這樣的關係又有什麼意思？難道妳想要一輩子都這麼過嗎？

如果妳理想中的交往對象必須能夠尊重另一半的能力和努力，那就要讓對方學會尊重妳的能力和努力。可以建立起彼此尊重的關係是再好不過了。

## 社會上所謂的合乎常識與不合乎常識

Q15

我們家是雙薪家庭，不過媽媽的收入比較高，這樣的情形好像常常被認為夫妻之間會產生矛盾。不管是學歷或身高，女生最好都不要超過男生，這樣對交往或結婚都比較好，我朋友說這是社會上的常識，她說的是真的嗎？

A15

嗯，這跟前面的問題很像呢。前面提到了學歷的差距與學校的差距，現在則要討論收入和身高的差距嗎（苦笑）？這樣的價值觀指的是不論哪一項，女性最好都略遜男生一籌。但話說回來，妳的父母感情好嗎？

我們不妨反向思考看看吧。大部分的家庭都是丈夫的收入比妻子高，所以那些家庭的夫妻感情就很好囉？夫妻感情好不好和雙方收入多寡其實沒有關係。因為丈夫收入比妻子多，象徵男性的地位「表面上看來比較高」，但並不代表他的能力比女性還要強。

就像前面幾個問題所提到的，對學歷、成績、能力、收入、地位、身高等方面和自己同等或比自己更高的女性，男性總是敬而遠之，優秀的女性會被認為「自視甚高」、「不討喜」，就算有人覺得「可愛」，所謂的「可愛」指的又是什麼？「可愛」就表示對方認為妳「沒有威脅性」，讓人覺得「可愛」便會受到疼愛，不可愛卻會讓人害怕，那些唯我獨尊的男人脆弱的自尊，光是這樣就會備感威脅呢。把這種度量狹小的男性當成對象可不是什麼好事，還是閃遠一點比較好。如果妳是在學歷、成績、能力、收入、地位、身高等各方面都很出色的女性，那些度量小又自以為是的男人自然會避之唯恐不及，反過來說就不會造成妳的壓力，可以落得輕鬆。

有一項心理測驗測試的是男人在什麼時候會產生自我效能（唯我獨尊的想法），結果顯示，「賺錢的能力（收入高低）」這項因素是最大的影響因子。也就是說，左右唯我獨尊想法的是「很會賺錢」這件事——這下我們就知道為什麼那些老大爺總是把「妳以為是誰在賺錢養家啊」掛在嘴上了吧。

男人要是失業，或是公司因為其他問題而倒閉，一旦賺不了錢，就會面臨唯我獨尊意識的危機。若是發現自己的能力與收入比不上另一半，往往二話不說就會使用暴力。雖然不會有男性想對在奧運會上首次達成女子個人競賽四連霸的日本摔角選手伊調馨施暴，但大部分男性的力氣還是比絕大多數女性大，所以才會發生家暴問題。針對家暴男的研究顯示，他們大部分在剛交往或結婚時，並未顯露出暴力的跡象，畢竟要是這樣，那麼女方打從一開始就不會和他們在一起，然而一旦明白結婚之後「妻子不離開／離不開」，或是夫妻之間的權力關係改變時，就會開始出現暴力行為。這真是太卑鄙了。自以為是老大爺的心態並不是由基因決定，而是因為遇到了不同於以往的情況，才搖身變成了老大爺。所以要是覺得夫妻關係已經破裂了的話，不如就快刀斬亂麻吧。

妳的父母兩人一直都有工作，親戚應該也都知道媽媽的薪水比較多，如果夫妻感情還是很好，就代表妳父親不是那種小鼻子小眼睛的男人，我想妳應該要以他們為傲才對。

# 應該怎麼稱呼另一半呢？

Q 16

為什麼在日本要稱丈夫為「主人」、「旦那」，稱妻子為「奧桑」*、「家內」呢？又不是江戶時代或明治時代，夫妻應該是對等的。難道就沒有更合適的稱呼了嗎？

A 16

妳說得沒錯，確實很奇怪呢。在以前的日本，家臣所侍奉的君主才稱「主人」，侍從對雇主則稱「旦那」；稱呼「奧桑」則是因為妻子往往待在室內深處，「家內」也是由於當時的妻子都只待在家裡的緣故。但現代已經沒有家臣或侍從了，卻還把「主人」或「旦那」這樣的詞掛在嘴上，實在很詭異，妻子如此稱呼丈夫也令人匪夷所思。至於「奧桑」或「家內」這些詞更是莫名其妙，畢竟現在的女性不可能還像過去那樣大門不出、二門不邁。此外日本的丈夫往往稱妻子為「嫁」，是女字邊加上一個家字，但現在的婚姻已經不再是「嫁到別人家」，所以這個用法也很奇怪，費解的事情簡直一籮筐呢。

「主人」這個詞是從什麼時候開始普及的呢？根據研究者所調查的資料顯示，「主人」一詞存在的歷史其實相對短淺，明治時代才出現了「主人」、「主婦」這樣的詞彙，延伸擴充後逐漸形成了定制。又有一說指出，「主人」這個詞彙始自江戶時代，是當時的家臣對君主的稱呼，但妻子並不會這樣稱呼丈夫。至於「奧桑」一詞，則是因為武士家的太太往往深居簡出，所以被稱為「奧方」或「奧樣」，而「奧桑」一詞也就由此衍生而來。在老百姓的世界裡，雖然會叫太太「御上桑」，但想必是當時逐漸崛起的庶民模仿武士家而來的吧。

語言是活的，會孕育、成長，也會廢棄、消失，所以我們只要創造「更合適的稱呼」就行了。在明治時代，妻子會稱配偶為「良人」，丈夫則稱妻子為「細君」，如果對方並非「良人」，那麼只要離婚就好了（笑），至於「細君」的話，要是身材不夠纖細或許也不會這麼叫呢。近來有越來越多人稱另一半為「伴侶」，這樣稱呼雖然很單純，但在日語中，提到別人的伴侶時畢竟還是得用敬語，然而有些念起來太拗口，有些則太過冗長，此時此刻還找不到可以取代「主人」與「奧桑」的詞彙，所以只好繼續沿用，這也是不爭的事實。不過「主人」這個詞聽在

＊ 譯註：「奧桑」原文為「奥さん」，後文的「御上桑」原文則為「おかみさん」，皆為日本人對妻子的稱呼。

耳裡，實在會讓人忍不住笑出來，心想「難道妳是奴隸嗎？」，要是被問到「妳家主人呢？」，還真想回答「我家才沒有主人」。像「奧桑」這個詞也是，要是妻子常常外出，豈不是該稱為「外桑」？最近也有人將配偶稱為「同居人」，只是近來分居的夫妻不少，但要是把稱呼改成「分居人」不也有點可笑？真希望有人能發明適用的詞彙呢！

就這一點來說，英語中直接稱呼 your wife、my husband 就十分簡單明瞭。日語中還會謙稱自己的家庭成員，把丈夫叫作「宿六」、妻子叫「愚妻」、孩子叫「豚兒」，但這樣看來妻子就像是外人，孩子則根本不是人。尊重家庭成員、承認每個人的特質，有人讚美家人的時候不會無謂地謙虛，真希望大家也可以像這樣說出 I am proud of my wife 或 I am proud of my daughter 呢。

# 關於「女」字邊的詞彙

Q 17

我在上學的電車上遇到好幾個阿姨大聲聊天，其他乘客都因此露出了尷尬的表情。和我一起的朋友看到那些阿姨的樣子，嘟囔道：「難怪人家說『姦』這個字是『三個女人一齣戲』，吵吵嚷嚷。」我想吵吵嚷嚷是不是女人的特權呢？但總覺得這種加上「女」字邊的詞往往沒好事，像嫁、姑也是，似乎不把女性看在眼裡。有些詞彙是不是會歧視女性呢？

A 17

我們不妨來看看有哪些字是屬於「女」字邊。

嫁、姑、姊、妹就不用說了，其他還有奴、奸、妖、姸、嫉、妒等等，許多字的含意還真是讓人高興不起來，妳不妨也去查查字典吧。

日本的漢字是大約三千五百年前的古代中國人所發明的，原本是象形文字。比如「婦人」的「婦」，據說是女性坐著、身旁放著掃帚的樣子——也就是說「打掃的人」

就叫作婦人!?幾年前，日本一般財團法人人工智慧學會在學會刊物封面上發表了掃地機器人的圖畫，當時採用的正是年輕女性的形象。三千五百年前對女性的看法，居然和高科技時代的ＡＩ研究者如出一轍，這一點真叫人吃驚。那些ＡＩ研究者（幾乎都是男性）家裡八成都是由女性負責打掃，或是他們打從心底認為打掃是女性份內的事。就算科技再怎麼進步，腦袋瓜卻迂腐僵化，說的就是這種人。

由於受到各方的抗議，現在在日本幾乎已經不使用「婦人」這個漢字了。像一九七五年的International Woman's Year，最初日本官方的翻譯是「國際婦人年」，如今改為「國際女性年」，相關條約則譯為「聯合國廢除女性歧視條約」。

語言不只是活的，還像妖怪一樣，會施展咒語讓人被支配。像是「嫁」會令人覺得不舒服，就是因為這個字彷彿在強調「女人附屬於家庭」，讓人很想反駁「我是和丈夫結婚，並不是嫁到他家」呢。

所謂的「主人」也是一樣，如果總是主人長主人短地掛在嘴上，或許不知不覺中就會感到家裡好像真的有一位「主人」。我讀過一則和ＡＩ製作的虛擬太太生活在一起的男性經驗談。只要一回到家，立體的全像投影中就會出現一名美女對他說「主人，歡迎回家」——這名ＡＩ太太難道是傭人!?男人莫非想要採用這種最新的高科技來實現自己心中唯我獨尊的妄想？這未免太讓人洩氣了。說不定還會有人覺得比起老愛頂嘴的真人太太，百依百順的ＡＩ太太反而比較好——如果真有那樣的男人，最好早點放生吧。

還有一點，就是日語當中有所謂的敬語。妳知道以前的妻子會對丈夫使用敬語嗎？妳一定覺得很不可置信對吧？我在大概二十年前針對學生所做的調查顯示，在家裡已經沒有妻子會對丈夫使用敬語，那多是傭人對主人所用的詞彙。但我的朋友倒是會對丈夫說「主人，去泡茶」，可說是用詼諧的手法反將對方一軍。說到底，語言就是一種工具，可以衍生出各式各樣的用法，而即便只是區區一種用法，也能判斷彼此之間的關係喔。

# 全職主婦的年金

## Q18 我的母親是全職主婦，像她這樣以後也可以領到年金嗎？

## A18 妳在擔心沒有收入的母親老了之後該怎麼辦嗎？

答案是領得到，這樣妳是不是鬆了一口氣呢？

不過我相信妳的擔心其來有自。日本年金的正式名稱是「老人年金保險」，是一種官方的保險制度，加入保險之後只要持續繳交保費，最後就可以收回一筆錢，也就是自己存的錢將來可以領回來，這是保險的基本運作方法，也難怪妳會納悶母親是不是繳了這筆保費，沒繳的話之後還可以領到年金嗎？

其實日本的全職主婦一直要到一九八六年才獲得領取年金的權利。在那之前，包括全職主婦在內，沒有工作的男女如果要加入年金保險，就得自行繳納保費——畢竟是保險，這也是理所當然的吧。而待業中的人或是學生如果繳不出保費，只要提出申請就可以獲得減免或寬限，後續再一併繳交即可，但這也僅限於特殊情況。「那麼以前那些沒有繳保費的全職主婦不就沒有年金可以領了嗎？」說得沒錯。「這麼一來，那些主婦老了以後怎麼辦呢？」照理說她們的丈夫應該會照顧妻子，既然丈夫有年金，那未來就靠他的年金過活。「如果丈夫不幸過世了呢？」只要他生前具備請領年金的資格，那麼死後妻子也可以獲得遺屬年金，約莫是丈夫年金的四分之三（一九八六年以前則是二分之一）。「那麼要是在這之前就離婚了呢？」如果已經離婚了，在過去可能就領不到半毛錢，但自二〇〇七年起，則根據結婚的年數長短計算，最多可以獲得丈夫年金的二分之一（離婚年金權利分配制度）。

也就是說，在一九八六年以前，當太太的是完全沒有任何權利的，但就在這一年，出現了所謂的「第三號被保人」。根據日本的《年金保險法》，參加保險的人會分為第一號被保人（自營業者）及第二號被保人（受僱者），由於自營業者的妻子大多都會變成「家庭從業者」，所以會跟丈夫一樣成為第一號被保人，至於受僱者（上班族或公務員）無業的妻子，如果不自行加入保險便領不到年金。然而就在一九八六年，第二號被保人的無業妻子被列為「第三號被保人」，即使未支付保費，將來仍舊可以領到基本年金。

咦？這樣不是有點不公平嗎？沒錯，就是不公平。可以領年金的人明明都是自己繳自己的保費，但那些無業的妻子卻不用繳保費也領得到年金。雖說她們沒有收入，這也是沒辦法的事，但學生或失業人士也只能獲得減免或寬限，就算沒收入，最後一樣得繳錢。雖然滿二十歲的成年人就可以加入年金保險，但也有些父母會幫一直在念書的兒女繳納保費。

身為全職主婦的妻子如果不繳保費，未來要從哪裡拿錢出來支付她們的年金呢？那就是由年金會計支出，也就是拿勞動男女所繳納的保費來支付。儘管也有人認為那就讓丈夫負責繳納妻子的保費不就得了嗎？但在年金會計的項目中所收取的不只是全職主婦的丈夫所繳納的保費，還包括所有雙薪家庭與單身的男女所繳納的費用。沒道理所有勞動人口都必須為全職主婦老後的保障買單，事實上，學者也曾試算過，全職主婦自行繳納保費的話，一年的費用還比勞動男女所繳納的便宜了三千日幣。

那麼為何日本政府在一九八六年想出了這個「第三號被保人」的政策呢？當時日本面臨急速的高齡化，身為社會福利落後的國家，政府認為照顧老人是媳婦的責任、只要家中有女性就能降低社會福利的預算。那時的首相中曾根康弘曾說道：「家庭是涵蓋社會福利的資產。」所謂的「日本式社會福利」，就是依靠家中的女性。然而在各地，往往有一肩扛起照顧責任而深陷痛苦的媳婦，讓人深感這些女性無償的勞動必須有所回報，因而衍生出「第三號被保人」制度——所謂的政治家，就是光會想這種權宜之計呢。

就算不繳保費也領得到年金……這項制度雖然被稱為「全職主婦特別待遇」，但真的是這樣嗎？下面就一起來看看吧。首先，全職主婦的丈夫所支付的「第二號被保人」保費，是由他本人與雇主各半，也就是他付了多少保費，雇主就得付出同等的金額，所以當第二號被保人比當第一號被保人來得好。雖說丈夫的保費當中也包含妻子的份，但不論是已婚人士或單身人士，只要薪水相同，繳納的保費就一樣，也就是隨著「第三號被保人」的誕生，先是丈夫、然後是必須和丈夫繳納同等保費的雇主，便都可以規避妻子的保費。神奇的是，這些妻子只是被「視同全職主婦」，卻並非完全沒有收入的女性。她們在扶養扣除的範圍內（將在Q19詳述）會被視為「無收入者」，但大家都知道，日本上班族的妻子大部分都會兼差或打工貼補家用，真正沒有工作也沒有收入的人其實佔少數。只要在丈夫的扶養範圍內，就可以搭他的社會保險便車，所以妻子雖然有雇主，雇主卻不需負擔妻子的年金保險或健保等社會保險費，因此第三號被保人制度的既得利益者，其實是聘僱「視同全職主婦」的老闆。而在第一號被保人到第三號被保人的政策之間，會產生利害關係的幾乎都是男性，也就是說，可以透過這項制度得到好處的並不是女性，而是男性。真是狡猾的手法呢。所以我認為日本不應該再稱「第三號被保人」制度為「全職主婦特別待遇」。

一項制度的背後往往有各種因素與策略，我們不妨學著多多思考究竟是誰能從中獲利。

順帶一提，和日本的老人年金保險、公費醫療保險並列三大國民保險制度的照顧保險，是向所有年滿四十歲的人收取保費，這項制度倒是簡單明瞭得多。三者之間的差別，在於是以家庭為單位或是以個人為單位。日本女性在結婚或離婚時會遷入或遷出某個戶籍，如此一來保險的資格也會隨著轉變，再也沒有比這更複雜的事了。隨著身分的改變，要是忘記提出申請就可能會漏保。以個人為社會保障的基本單位，不管結婚或離婚，自己的保險就是自己的，這樣的方法還是比較可行。而以家庭為單位的思考模式，其實暗藏著妻子附屬於男性戶長的概念，讓人不禁想大喊：真是夠了！

# 「扶養」的陷阱

19

我的母親做的是兼差的工作，她雖然常常說要剔除扶養，但父親似乎不同意。說是這樣一來她可能會忽略家務事，何況在扶養扣除的範圍內讓他申報扶養還是比較好，這是真的嗎？

A 19

這跟前一道問題有關呢。

妳知道「剔除扶養」是什麼意思嗎？父親反對的理由妳也了解嗎？

日本的稅制是所謂的「扶養扣除」制度，沒有謀生能力的兒童或高齡者、身心障礙兒童／人士等，在家庭內接受扶養的話，並不需要繳交他們的稅金，其中也可以有一名無收入的配偶（不論丈夫或妻子）作為被扶養人，這就叫作「配偶扣除」制。兒童不能工作、高齡者與身心障礙者也無法上班，因此可以接受扶養，但卻沒有理由要成年人去「扶養」另一名健康的成年人，因此海外有些國家並沒有「配偶扣除」制。日本有很長一段時間只有女性被當作「配偶扣除」的對象，這些女性指的就是「全職主婦」，而近年來，「全職主夫」似乎也成了「配偶扣除」的對象。

然而，這其實是一個圈套。就像我在前一個問題所回答的，完完全全沒有收入的「全職主婦」其實並沒有那麼多。有的人會在朋友經營的店裡幫忙，有的人會接補教業的案子在家改考卷，要是外語能力強的話，還可能打工當口譯，許多女性其實都有零星的收入。然而年收入在一定金額以下所採用的稅制卻和沒有收入的全職主婦一樣，這就叫作「視同全職主婦」，很奇怪對吧？

配偶扣除的年收入上限是一百零三萬日幣，健康保險的扶養上限則是一百三十萬日幣，只要不超過這個額度，都可以視為戶長（丈夫）的「扶養人」，也可以使用丈夫的健康保險，至於年金保險則已經在前面說明過了。雖然年收入超過一百零三萬就不適用配偶扣除，卻可以採用「配偶特別扣除」，且隨著二〇一八年日本的稅制修改，視情況不同，年收入在一百五十萬以內扣除額就不會改變。然而，一旦年收入超過兩百零一萬，便不適用配偶特別扣除，也就會失去特別待遇。

日本的已婚女性當中有七成都在不超過扶養扣除的範圍內兼職，但妳的母親卻想「剔除扶養」，就表示她想要更賣力工作，希望年收入可以超過一百三十萬，實在是非常有幹勁呢。

那麼，妳父親反對的理由又是什麼呢？

首先，是年收入一旦超過一百三十萬，就不能搭丈夫的醫療保險和年金保險的便車，全部都得自己負擔才行。這兩筆保費可是不小的開銷，要是自己繳，家庭年收入就會變得比由丈夫申報扶養來得少……這樣反倒形成了落差。要想彌補這樣的落差，妻子的年收入就必須超過一百五十萬日幣。請試著想想，年收入要達到一百五十萬，就代表月薪要超過十二萬，除非妳母親成為正式員工，否則這可不是光靠兼差就可以賺到的數目。不過她的工作能力想必很強，說不定曾被上司推薦成為正式員工，所以才起了這樣的念頭。

妳父親反對的第二個理由，是怕她如果花比現在更多的時間在工作上，就會「忽略家務事」。這是由於妳母親是在「不影響家事跟小孩的範圍內」外出兼差，反過來說，就是在「不給丈夫添麻煩的範圍內」，亦即以「獨力做家事、帶小孩」為前提。事實上在日本，對於「想出去工作」的妻子，丈夫的意見往往是「只要別影響到我和孩子」就可以。成年的女性要外出工作或做其他的事，卻必須一一徵求丈夫的「許可」，未免太奇怪了。

至於第三個理由，則是妻子若是比現在更會賺錢，在家裡就會變得更有發言權，這一點同樣讓人不安——也就是可能影響夫妻間的權力平衡，所以才讓丈夫不放心。這樣下去，將來妻子可能會開始要求丈夫「也多少做點家事」，或是用自己賺的錢「和朋友出國旅遊，要丈夫看家」，也就是說，妳的父親並不希望改變自己現在的生活模式對吧？

許多日本丈夫都主張只要自己去上班時妻子會在家送他出門，下班回家後也能在家迎接，又可以把家裡收拾乾淨、好好照顧小孩，那麼在這之外的時間妻子要做什麼都無所謂。但若妻子想外出工作，卻要她出去工作前後家裡都不能有任何改變……對應該由兩個大人共同規劃的家庭未來來說，這也太一廂情願了吧？

此外或許還有一個隱性的不安因子，那就是妻子一旦有了全職工作，說不定就可能嚷嚷著要離婚，畢竟過去光靠兼差的薪水是養不活她自己的。對已婚女性來說，就算兼差的薪水不足以養活自己，她們也會覺得可以接受，這就是雇主所設定的歧視性薪資。聘用已婚女性來打工，將她們的薪水控制在扶養扣除的範圍內，趁機佔便宜，這說不定就是兼差女性的丈夫和雇主狼狽為奸之下的結果。

如此一來，女性就算在工作上有機會，蠢蠢欲動的心思也會被打消。妻子要不要外出工作，必須得到丈夫的「許可」，也可能遭到「禁止」，這正是像Q16那樣，妻子稱呼丈夫為「主人」，從而建立起的主從關係。

而支持著丈夫立場的，就是日本的「配偶扣除」制，這項制度至今仍然是許多想外出工作的女性的絆腳石。已婚女性不想成為正式員工，覺得兼差就好，也是因為看透了這樣的機制，但到頭來，政治家卻宣稱「女性並不願意成為正式員工」。想要外出工作的女性一旦去工作反而會陷入不利的情況，老了以後沒有年金和醫療保險，只能以第三號被保人的名義領取少得可憐的「基本年金」，還要等到丈夫先走一步，才能獲得四分之三的遺屬年金……對已婚女性來說，日本的稅制與社會保障制度就是如此。所以我把這個稱作「看護丈夫的保障」，要論個中得失，那就是好好看護丈夫到最後一刻的妻子才有得，也就是這樣的制度讓妻子陷入了困境。

目前日本也發起了廢除配偶扣除制的運動，和是否結婚無關，每個人都自行繳納自己所得份內的稅金即可，這樣豈不是乾脆多了？

# 有哪些支援多樣化生活方式的機制？

20

我家是單親家庭，不過好險媽媽有固定的工作（她說要是沒有工作說不定就無法鼓起勇氣離婚），所以我並不覺得變窮了，加上爸爸人還不錯（？），每個月都會付扶養費，但我朋友卻說這很少見。我的這個朋友是從她家暴的父親身邊逃出來的，所以沒有任何援助。她媽媽也為了躲避家暴而辭掉了工作，現在只能兼差賺取生活費，雖然想要再找正職，但年紀似乎有些尷尬。因此我朋友的大學志願填的也是學費便宜的國立跟公立大學，而不是私立大學。即便如此，她還是說如果申請不到獎學金也上不了學。社會上難道沒有可以讓人順利拿到扶養費的機制，或是讓經濟陷入困境的單親媽媽的小孩可以免利息申請到獎學金的機制？又或者是一開始沒有工作也能獲得幫助的機制，以及像是單親家庭紓困金那樣的援助？

**A 20** 嗯，不但妳媽媽有本錢離婚，妳爸爸也是會持續支付扶養費的「好人」，這真是太好了呢。

媽媽離婚後有什麼改變嗎？曾經和妳商量過離婚這件事嗎？離了婚之後，想必她也變得更開朗了吧？儘管獨力養育孩子很辛苦，但至少不用再忍受和丈夫天天相處所產生的壓力，也會變得更積極吧？有時候離婚的主因出在丈夫身上（比如外遇），那麼和成天忍受外遇的丈夫所累積的壓力相比，自己一個人倒還落得清閒自在，因此日本的離婚率雖然節節上升，女性卻因此重獲自由。比起不能離婚的社會，能夠輕易離婚的社會對女性來說還是利大於弊。

然而離婚之後，絕大多數的女性卻會因此陷入貧窮，像妳家這樣的情況在單親媽媽的家庭當中算是很罕見的。日本的單親媽媽家庭在二〇一五年的平均年收入是兩百一十四萬日幣，必須用這筆錢來養育孩子不可呢！而這類家庭的貧困率則達到百分之五十一．四（勞動政策研究．研修機構，「第五屆育兒家庭全國調查二〇一八」），因為早在離婚之前，許多日本女性就已經在結婚或懷孕時辭掉了工作，就算離婚後想帶著孩子重新找工作，在日本社會恐怕並不容易，單親媽媽往往只能從事兼差或打工等非正式工作。即便如此也無法順利養家活口，也有人會因此兼兩份差或三份差，比如一大早到便當店的廚房打雜，中午到超市站收銀，傍晚則到熟人的小酒館幫忙，忙了一整天回到家時，往往也只能見到孩子的睡臉。或許妳會想：就算會變得又窮又苦，她們也還是要離婚嗎？沒錯，畢竟有些婚姻不如不要得好。要是丈夫會家暴、孩子會受到虐待呢？正因為要保護孩子，才會想脫離那樣的婚姻。

順帶一提，所謂的家暴男一開始往往不會顯露出暴力傾向，這一點我之前也說明過了。一旦丈夫所處的環境改變，或是夫妻間的權力關係失衡，他才會暴露出赤裸裸的權力──也就是暴力，認為「我才是老大，我說了算」。當妻子發現苗頭不對還能夠及時停損，這樣的關係才是安全的。這麼一來妳就知道，Q9中那位想當全職主婦的女生，其實選擇的是風險很大的人生呢。雖然剛剛講過了，但我還是要重申一次，妻子可以行使權利離婚的社會，遠勝過無法自由離婚的社會。

即便夫妻離婚，親子之間的血緣也不會被切斷。但在日本，離婚後會協議支付孩子扶養費的夫妻，只佔了不到四成（根據厚生勞動省所做的調查，二〇一六年），而談定的金額則是一個月平均四萬三千日幣。

以日本國立大學文科第一年的學雜費總額大約八十二萬日幣（二〇二〇年三月之

際）來說，等於一個月要繳交將近七萬塊的費用，前述的金額根本付不起這筆學費。就算一開始按時支付扶養費，到後來也常常變得斷斷續續，資料顯示，三年後大約有八成的人不再支付這筆錢，也有男性在再婚後會突然就中斷付款。

孩子畢竟是兩個人的，要是不支付扶養費，可就令人傷腦筋了。這種時候該怎麼辦呢？其實妻子是可以要求對方支付的，若是對方不付，至少在法律層面能請求法院「強制執行」，從對方的財產中扣除相應的金額。但事實上，卻幾乎沒有女性會做到這一步，除了心灰意冷、不想再和離婚的丈夫糾纏不休之外，她們也沒有那麼多的時間與精力跑法院。

那麼有沒有什麼門檻比較低的方法呢？有的。在北歐各國，政府會從離婚的丈夫的薪資裡代為扣除扶養費，這樣就不會有漏網之魚。如果對方想要規避怎麼辦呢？除非他失業沒有收入或是逃到國外去吧。但所謂巧婦難為無米之炊，要是對方真的完全付不出半毛錢，又該怎麼辦？那麼政府會先代替他支付。不過這就等於他向政府借了錢，遲早非還不可，這部分就屬於政府與離婚的丈夫之間的金錢往來，和妻子沒有關係。妻子每個月都可以從政府那邊領到扶養費，這個制度很不錯呢。

為什麼日本不採行這樣的制度呢？真是匪夷所思。現在的日本並未立法強制支付扶養費，但既然生了孩子就無法逃避養育的責任……這是天經地義的事。在瑞典，就算男女雙方沒有婚姻關係，只要承認生下來的孩子，那麼在孩子滿十八歲之前，男方都有義務支付扶養費。我的朋友就是在瑞典養大小孩的，她總是一天到晚對孩子耳提面命：「就算你女朋友說今天是安全日，也千萬別相信她喔！」避孕是男方該做的，要是一失足就得背負十八年的養育重擔，如果不想變成這樣，那麼每次進行性行為的時候都應該更小心吧。

但在日本，男性卻可以輕易逃避法律的責任，這簡直是一個偏袒男性的社會。在妳的學校裡，是否曾有同學未婚懷孕呢？明明在校內有交往的對象，但校方卻往往要求懷孕的女生自行休學，或是勒令她退學，對男生卻輕輕放過，這種事不是沒有吧？而男生就是這樣嘗到了不負責任的甜頭。

話說回來，單親媽媽的孩子如果想上大學，日本學生支援機構也有針對低收入戶的獎學金，分為給付與借貸兩種類型，給付類的不需償還，借貸類的因為是借錢出去，所以必須償還，且又分為無息與有息兩種。如果是給付類和無息的獎學金，學費與學雜費都可以獲得減免，前提是成績要夠優秀。有息（年利率上限為百分之三，在學期間免利息）的學貸現在雖然人人可申請，但以國立大學的通勤生來說，只有兩萬到四萬五千日幣，在外租屋的學生最多可以申請到五萬一千日幣，私立學校則各以五萬三千與六萬四千日幣為上限（日本學生支援機構，《獎學金指南二〇二〇》）。除了支付學雜費，還有生活費與相關的學習費用，可說入不敷出，往往必須打工貼補，等到大學畢業的那一刻起，身上可就背負著兩百萬日幣左右的債務。在不景氣的當下，大學畢業後一邊還學貸一邊討生活的上班族並不在少數。日本所撥的教育預算原本就是ＯＥＣＤ各國當中最少的，往往必須要本人或家人另外負擔，所以學歷就像雙親經濟能力的證明，對於單親媽媽的家庭等經濟弱勢的孩子來說是很不利的。雖然日本自二〇二〇年開始實施高等教育無償化，但卻僅限於年收入低於兩百七十萬的免課稅家庭。要是可能的話，真希望人人都可以無償接受高等教育呢。

此外，現在又因為疫情的緣故，以餐飲業為主的學生打工族人數驟減，靠打工薪水維生的學生當中，也有人最後無以為繼而不得不休學。日本對於背負著國家未來的年輕人如此吝於投資，那麼這個國家的將來恐怕也岌岌可危。

我們究竟該怎麼做才好呢？日本高中生目前十八歲就擁有選舉權。而前此二〇一九年，文部科學大臣提出將大學入學考的英語測驗委由民間的考試公司執行的意見，但這卻會導致只有考試會場集中、有許多機會接受付費測驗的都市考生受益，引發了十幾二十歲的年輕人群起反對，文部科學省因此隨即撤回這項提案。政治家對於握有權力的人的動向非常敏感，而能改變現存體制的正是政治——這麼說來，或許妳也有機會改變政治喔！

# 關於夫妻不同姓這件事

Q 21

為什麼日本人結婚之後，妻子就非得改成和丈夫一樣的姓？為什麼日本不認可夫妻不同姓這件事呢？

A 21

其實不是非得改成「丈夫的姓」喔！因為日本的法律遵循的是「夫婦同氏」的原則，所以從夫姓或從妻姓都是可以的。如果拿不定主意，那就猜拳或丟銅板決定也無妨。因此夫妻不同姓這件事不管向法院提起多少次訴訟都不被接受，二〇一五年日本最高法院的判決是「夫婦同氏」的法律「並未違反性別平等的原則」。

話雖如此，現實生活中結為夫妻的人有九成以上（百分之九十六）是妻子冠夫姓（日本厚生勞動省調查，二〇一六年），顯見姓氏的選擇絕非平等。比如結婚登記雖然是夫妻倆去登記新戶籍，日本至今卻仍只對女性用「入籍」或「出嫁」這樣的詞，表示「妻子嫁進丈夫家」這種陳腐的思想並未銷聲匿跡。

法律與現實之間總是隔著一道鴻溝。表面上說性別平等，實際上絕大多數日本女性婚後不改姓就會吃虧*，最高法院卻沒有想到這一點。其實現在日本最高法院的十五位法官當中有三位是女性。二〇一五年的那次判決，十五人當中有十人認為「夫婦同氏」符合憲法，包含兩位男士在內的其餘五人則認為違憲，其中三位女法官全都持反對意見。想必這三位女法官一路走來也歷經了千辛萬苦吧，如果法官中的女性人數多一些，判決說不定就會逆轉呢。而在日本的法律學者之間，則壓倒性地認為強制「夫婦同氏」「違憲」。

既然如此，為什麼女性還是要選擇冠夫姓呢？在尋找結婚對象的時候，女生不是都會找比自己「優秀」的三高（學歷高、收入高、身高高）對象嗎？求婚的時候，不也都是自己不提而想盡辦法讓對方開口？日本女孩子無非想營造被男性「選上」的氛圍，如此一來，也難怪「選人」的那一方會佔上風。從結婚這件事開始，就顯現出夫妻之間交涉能力的落差，也就是彼此並非對等，女方在無形中節節敗退，男方佔了優勢，才導致最後出現了冠夫姓的夫妻佔九成這樣的數據吧。

＊ 像是不得不修改婚前在工作上所使用的姓名所造成的不便，或是身分證明、護照、駕照、銀行帳戶等姓名的變更等，不僅手續繁雜費時，又因為姓氏會隨著結婚、離婚、再婚而改變，等於把個人隱私都攤在陽光下了。不用改姓的男性就體會不到個中的不便。就算大家都知道在法律上有所謂「使用通稱」，也就是即使婚後改了姓氏仍可以沿用婚前的姓氏，但通稱與法律上的姓名不一致，還是會帶來各式各樣的困擾與麻煩。

反過來說，就算是「為愛而改姓」，也同樣會給對方造成不便或負面影響。為了不讓其中一方犧牲，最好還是可以盡早選擇夫妻不同姓。

根據日本《朝日新聞》的世態調查（二〇一八年）顯示，支持「夫婦不同姓選擇制度」的民眾高達百分之六十九，因此最高法院的法官意見和社會趨勢可說背道而馳。而且夫妻不同姓選擇制度是「可以選擇」的制度，並非強制夫妻不得同姓，想要同姓的就同姓，不想要的也可以選擇不同姓，這樣誰也不吃虧。日本現行的「夫婦同氏」制度，則是強迫夫妻兩人同姓。廢除強制性而提供另一種彈性選擇有什麼不好？我真不明白反對修改這項法律的人腦袋裡在想什麼。國會議員當中也有人強烈反對，認為一個家要是有不同姓氏會破壞一家團結，但世界上明明有姓氏一樣卻處不好的家人，也有姓氏不同卻感情融洽的家庭。反對夫妻不同姓，等於是自己不認可的事情也強迫別人不准做。

順帶一提，聯合國一直以來都會勸導日本政府，若要推動性別平等就要實施夫妻不同姓制度，然而現在的政府卻置若罔聞。但願有朝一日妳要結婚的時候，日本已經可以選擇夫妻不同姓了呢。

# 說到墳墓的事就讓人覺得很沉重

Q 22

我們家歷代祖先都有墳墓，因為家中小孩都是女生，所以爸媽會跟我們說其中一人要讓女婿入贅，以後才有人掃墓。雖然我跟姊姊都可以遷就，但丈夫不入贅難道不行嗎？要是我們兩個一輩子都沒有結婚，又該怎麼辦才好呢？

A 22

哎呀，妳所說的「歷代祖先的墳墓」可以追溯到哪一代呢？莫非妳家是像天皇家或朝廷的冷泉家那樣，不管犧牲什麼人都得延續家族傳統的名門世家？那還真是辛苦了。

根據墳墓的研究顯示，日本「歷代祖先的墳墓」最遠可以追溯到江戶時代末期，頂多就是到六代之前。除了墳墓，妳家還有家名、家產、家業、家傳、家訓等任何祖先遺留下來的傳統嗎？說什麼這塊墳墓是為了讓繼承人有值得守護的實體，既然妳家有這麼想讓人代代繼承的傳統，那麼當初生下兩個女兒之後，不管接下來還要生幾個，總之再加把勁生個兒子不就好了。連續生了好幾個女兒最後終於生出兒子，這樣的情況在以前叫作「最小的長男」，就是因為雙親無論如何都想要讓男孩子當繼承人。自己當初不努力，到頭來光期待女兒也不是辦法呢。話雖如此，如果有了兒子，他就非得背負著「長男」的重責大任不可嗎？那也太可憐了。不妨問問雙親：「我們家真的有那種不管付出多大的犧牲都得守護的東西嗎？」

但就算什麼值得守護的東西都沒有，他們也會想傳承自己的姓氏吧？妳不妨再問問：「我們家的姓是從什麼時候開始的呢？」日本人當中有八成在明治時代以前都是庶民，當時庶民並沒有姓氏，是後來為了戶籍造冊才有了姓氏，在那之前都是用屋號來稱呼。像田中、小川、新田等許多與農業相關的單純姓氏就是證明，當時的姓氏會盡可能取自地名與大自然。

妳的父母選擇只生兩個女兒，女兒可能會結婚，也可能不會；結了婚可能會改姓，也可能不會；可能會生小孩，也可能不會。假使沒有生小孩，那麼就算妳這一代保留了家族的姓氏，也沒有下一代可以繼承。今後是少子化的時代，如果是獨生子和獨生女結婚，又該怎麼辦呢？墳墓也不得不統合起來或乾脆廢止吧。時代已經不一樣了，在生養許多小孩的古早時代，才會出現那麼多墳墓。因此不妨告訴妳父母：「當初如果多生幾個小孩就好了，但現在說什麼都太遲了，不如就放寬心吧。」其實父母最感到欣慰的，並不是孩子為自己做了多大的犧牲，而是他們能夠過著自由而幸福的人生，所以妳也別把人生的選項給窄化了。

# 要照護父母的是我嗎？

Q23

母親總會對我說「等我老了就靠妳了」，難道她生我只是想要養兒防老？以後要是結了婚，我也必須照顧公婆嗎？感覺負擔很重呢。

A23

養兒防老，真是讓人聽了毛骨悚然呢。

儘管從小讓母親養大、給母親添了那麼多麻煩，生病的時候也不是沒有得到照顧，但如果以後都要靠自己一個人照料，畢竟還是很吃力。假使不是獨生女而有五個手足的話，好歹還能分攤一些負擔。但這種時候，母親說不定會覺得生女兒比生兒子好。

前陣子我聽到人家說：「兒子要是交了女朋友就會被搶走。」畢竟他就是這樣，雖然經常回妻子的娘家，但自己的老家卻只有逢年過節才會回去打聲招呼。而且有的妻子似乎還會要丈夫自己一個人回老家就好。

雙親——尤其是母親——似乎會覺得女兒是自己的所有物，也是老後要照顧自己的人。年長的丈夫要是先走一步，自己就卸下了照護的重擔，接下來照顧母親便是女兒的責任，因此女兒也得做好心理準備。

過去曾有一份意見調查（出生動向基本調查），題目是「如果一輩子只能生一個小孩，你想要男生或女生？」，在重男輕女的觀念很強的東亞各國（中國、台灣、韓國、日本）當中，只有日本是特例，在一九八七年，想要女兒的意見首次超過兒子，其他國家則至今都還是比較想要兒子。在採行一胎化政策的中國（自二〇一六年起可以生兩胎），新生兒的出生性別比（女嬰：男嬰）是一〇〇對一一五，但自然出生性別比（未經任何人工控制而出生的新生兒男女比例）則是一〇〇對一〇五，因此這個數字背後的真實性不免啟人疑竇，似乎足以想像他們會靠生育技術區分男女、選擇性引產，甚至可能視情況殺害女嬰……早在出生之前，女孩子就已經不受歡迎了。

不過日本人既然比較想要生女生，就代表女性的地位提升了吧？可惜並非如此。那不過是打著如意算盤，希望女兒一直乖乖待在身邊、聽自己的話，當自己老了之後還會負責照料。妳的母親或許也一樣。以前的人在兒子出人頭地之後就會依靠兒子的金援過活，但現在的長者有年金可以領，不需要兒子特別做什麼——請把年金制度看成是補貼生活費給老一輩的制度。要是每個月都要靠兒子匯錢來，雙親在他面前很可能就抬不起頭來，所以國家將勞動人口繳交的費用收集起來，用年金的名義支付給長者，他們就可以光明正大地當成自己的收入。這筆錢沒有署名，要從裡面撥出一些給孫子當零用錢也無不可。因此當父母不再需要仰賴兒子的經濟援助，這時要擔心的就是照護的問題了。父母的健康出了問題時，女兒似乎比兒子更靠得住，而且父母也不會指望兒子的太太、也就是自己的媳婦照顧。畢竟媳婦也有父母親，比起丈夫的父母，本來就該優先照顧自己的父母——近來的風氣似乎是丈夫的父母由丈夫自己照顧，妻子的父母則由妻子照顧，所以由兒子來照顧的情況變多了，不再因為是男生所以不用照顧父母。因此就算是兒子，最好還是學著做家事、帶小孩和照顧老人家。只不過丈夫在照顧自己的雙親時經常會有妻子當後援，妻子照顧自己的雙親時，卻往往不見丈夫提供任何協助。

但就在二〇〇〇年，日本發生了一項很大的變化，那就是一九九七年訂立的《照護保險法》在二〇〇〇年開始實施。雖然妳的父母現在還很健康，但祖父、祖母是不是有人已經到了「被認定需要看護」的階段呢？照護保險是由四十歲以上的全體國民支付保費，原則上滿六十五歲之後只要有需要便可以使用。被認定「需要看護」的話就會有看護來，也可以前往日照中心、接受短期照護，重度失能者則有資格入住安養中心。現在的照護已經不再需要家人付出一切，辭掉工作、自我犧牲了。當然其中也有只有家人才能做到的事情，即使不是親手換尿布，也還是必須由家人發號司令，決定何時、何地、搭配怎樣的服務，關於這一點，可以找社工員或在地支援機構諮詢。

照護對妳來說是很久以後的事嗎？那麼不妨到附近的在地支援機構或照護機構學習吧。身邊如果沒有年長者，也可以去日照中心或安養中心當義工，要知道，總有一天父母會有這樣需求，而且妳自己遲早也會走到這一天。

不妨這樣對母親說吧：「別擔心，我會利用照護保險來好好照顧妳。」而且還要告訴她，在那之前妳會先把家裡改造成無障礙空間，廚房改用ＩＨ爐，為她的老年生活做好準備。

送別雙親最後一程後，成為犧牲品那般對過世的父母懷著怨恨過日子，對父母或孩子來說都是再悲傷不過的事。在照護的階段，孩子不僅是下決策的司令，也會和雙親打照面、話當年，建立起家人之間才有的情感交流。為了這一天，就要事先打造良好的親子關係喔。

# 感情生活太充實，其實也很辛苦?!

第
3
章

# 控制狂男友

Q 24

我交到了一個男朋友，但只要我們兩個人沒有待在一起，他就會拚命傳 LINE，一直問我在幹麼，要是未讀他就會生氣，還不准我和別的男生說話。這樣的男友是不是分手比較好呢？

A 24

哎呀，「是不是分手比較好呢？」，妳自己不是都把答案說出來了嗎！沒錯，答案是肯定的。

妳男朋友大概覺得一旦交往了，妳就是他的所有物吧。不管去哪裡、做什麼，都要把他擺在第一位。像這種「唯我獨尊男」，我前面也已經提過了。

像他那樣的態度，妳該不會誤以為是「一心一意只想著妳，整個世界繞著妳打轉」吧？那其實就是偏執與支配欲，像「不准和別的男生說話」之類的發言，簡直莫名其妙。人類當中有一半是男性，要是將他以外的男性全部排除在自己的生活圈外，人生也太乏善可陳了吧。把男性這樣的「佔有欲」誤以為是「對自己一心一意」而沾沾自喜，誤會可大了！要是有朝一日不順他的意，這樣的人往往會惱羞成怒而化身為跟蹤狂或家暴男。以跟蹤狂而言，女性要是逃跑或投入其他男人的懷抱，他就可能會為了將對方「據為己有」而痛下殺手——真是可怕呢！

所以既然及早發現了，那就盡快分手，最後才不會釀成大錯。妳的判斷很正確。

話雖如此，還是有些女性會「離不開」這樣的男友，妳認為是什麼樣的女性呢？例如對方是初戀男友，由於女方的經驗太少，讓她誤以為男朋友就是這樣、談戀愛就是這麼一回事；或是好不容易交到了男朋友，因此緊緊抓住，無論如何都不想放手；或是沒有自信，覺得既然男方願意紆尊降貴和自己這樣的人在一起，那自己也要忍耐才行；又或是為了向朋友炫耀自己有男友，因為愛面子而不願意分手等等。但不論上述哪一種原因，都不是發自內心的選擇，全都是外在因素。

因此請記住，被愛指的是被珍惜，被珍惜指的是尊重妳的意願，這應該是一件很愉快的事。要是和男友之間的關係讓妳感到不愉快，那就是警訊了，說得直接一點，這樣的男朋友簡直煩不勝煩。妳不妨試著傾聽自己內心與身體的聲音，不愉快的關係最好早點放手吧。

# 戀愛才算是現充？

## Q 25

我朋友為了當現充而去交了男朋友，也就是說只要有男朋友就算是現充嗎？

## A 25

「現充」是「現實生活很充實」的縮寫，現實的反義語是虛擬，而「現充」這個詞，便是在二次元的網路世界玩美少女遊戲和色情遊戲的阿宅用來稱呼看似享受現實生活的人。「現充」的條件之一，就是有交往的對象。一邊凝視彼此，一邊聊天、牽手、勾手臂、肌膚相親等，都是在網路上辦不到的，所以才會被認為現實生活很充實吧。

不過呢，所謂的現充也有參加社團活動、當志工、與朋友互相交流、參與體育活動等各式各樣的形式，並不是有了男女朋友就代表現充，忙著社團活動而沒有空交男女朋友的人也可以說是現充。

但是因為「有男朋友」是最顯而易見的現充，所以才有人為了被別人羨慕現實生活充實而去交男朋友，這樣豈不是本末倒置？因為有男朋友，每天都過得很充實，所以才被認為是「現充」，但要是為了讓別人覺得自己是「現充」而不肯放手，簡直就像Q24裡出現的「分不了手的女朋友」呢，不是真的為了自己，而是死要面子。「有男朋友」的進階就是「結婚」，有很多女性會為了證明自己有人要而維持「婚姻」狀態，事實上卻遭受家庭暴力、丈夫的背叛等，現實生活支離破碎，可就不能算是「現充」了。

除了戀愛，世界上還有許多有趣的事情，愛情並不是一切。當然談戀愛也是那些有趣的事情之一，但要是談戀愛不快樂就白白浪費了人生，所以及早停損比較好，不要再在意別人的眼光，好好為自己活下去吧！

## 結婚的條件

Q 26

我問母親為什麼和父親結婚，母親的回答是父親三高都有，條件很好。一想到他們居然不是因為「愛」而結合，實在讓我備受打擊，所謂的婚姻就是這樣嗎？

A 26

嗯，這個問題聽來就像是Q25「追求現充而交男朋友的友人」的進階呢。

對妳的母親來說，婚姻是一種經濟契約嗎？如果是這樣，那麼盡可能選擇條件最好的對象是很合理的，而所謂「三高」就是條件之一。在妳母親那個年代，結婚在日本被稱作「永久就職」，或許就像到一輩子包吃包住的公司任職吧？

這樣的話，對妳父親來說結婚又是什麼呢？專屬的性生活契約？確保有人做家事？有人幫他養小孩？

假使兩個人對彼此的需求一致，「契約」便可以成立，但感情卻是屬於契約以外的事。

妳的父母會有身體接觸嗎？會兩個人一起去旅行，或是擁有只屬於彼此、孩子也無法介入的時間嗎？說得簡單一點，他們關愛對方嗎？當然，就算夫妻關係最初是建立在經濟契約上，也有許多後來仍然培養出了感情。不過也可能妳父母並未對對方懷有愛情的期待，要是真往壞處想，說不定還是往別的地方尋求戀愛對象，在他們眼裡，婚姻或許就是這麼一回事。

要是妳覺得母親和父親的婚姻「不過就是這麼一回事」，那麼說不定也會認為自己將來的婚姻「就是這麼一回事」。

母親的回答讓妳「備受打擊」，是由於妳認為自己是因為他們彼此相愛才被生下來的，是母親和父親「愛的結晶」，或許也希望有朝一日自己可以像父母那樣，和相愛的對象擁有心愛的孩子。我認為這是非常自然的想法。

由相愛的夫妻所生下來的孩子很幸福，因為大人的關係穩定讓他們產生信任感，所以會相信自己的存在是基於雙親的幸福。但其實也有很多孩子並不這麼想！要是妳的母親與父親之間的關係看起來很「穩定」，也可能只是因為他們對彼此的期待很低，在妳的內心深處或許也對此感到厭惡。人雖然會回應對自己有所期待的人他所期待的、甚至超過他所期待的事物，但對於並未對自己懷抱期待的人，也只能同樣不抱期待。

雖然這純屬臆測……但說不定妳母親其實無法坦率說出選擇妳父親的理由，所以才會難為情地脫口說出社會上通用的「三高」。下次不妨更詳細地問問看，說不定她會告訴妳當初是自己先喜歡上妳父親、倒追他的。要是這樣，妳就可以老實告訴母親：「妳上次的回答讓我很受打擊。一直想著妳其實不喜歡爸爸嗎？爸爸又是怎麼想的？妳會希望我將來也一樣選擇『三高』的對象嗎？」

「妳父親是個很溫柔的人，讓我一見鍾情，我也確實沒有看走眼呢」、「妳母親是個溫柔婉約的人，當時我就覺得和她共組家庭絕對會很幸福」，夫妻之間要是能夠像這樣彼此大方示愛就好了呢。

# 「女子力」的詛咒

Q 27

男朋友總說我「女子力」很低，約會的時候都只穿T恤跟牛仔褲。他朋友的女朋友個個都很會打扮，看起來很時髦，但我覺得自己並不適合那樣的風格。為什麼只有女孩子非得注重打扮不可？我有個走蘿莉塔風的朋友好像被甩了，難道我們就不能打扮成自己喜歡的樣子嗎？

A 27

又是一個自我中心的男朋友啊！既然是約會，就要給我打扮成老子喜歡的樣子來。

T恤、牛仔褲是很普通的穿著，如果要看起來「時髦」，那就要盛裝打扮。約會是屬於特別的日子，所以男朋友難免會想要妳穿得漂亮一點，相對地，妳也會希望他穿得講究一點吧？如果自己跟平常一樣不修邊幅，卻希望女方盛裝打扮赴約，豈不是很奇怪？

像這樣「故作姿態」，還算是約會嗎？那可是很累的呢。何況打扮成那樣，不也變成在欺騙自己。如果在一起很快樂、想要一直在一起的話，在對方面前展現真實的自我是最好的。用不著逞強、做妳自己就好——找到會這麼想的另一半是很重要的。

雖然說穿自己喜歡的衣服赴約就好，但那個走蘿莉塔風的朋友卻被甩了，又該怎麼解釋呢？——這樣不是很好嗎？自我風格就像石蕊試紙一樣，可以用來測試對方能不能接受原原本本的妳，而結果就是他沒能通過這場測試。

話說回來，妳男朋友口中的「打扮」指的又是什麼？我大概想像得到，是長捲髮、自然的淡妝、清爽的罩衫和輕飄飄的短裙或連身裙，再怎麼說也不會是褲裝，因為長髮和短裙在日本是聯誼的標準搭配，堪稱女生最強的「穿搭」，這種風格就叫作「裝可愛」。也就是展現出女方對男方的順從，表示自己絕對不會凌駕對方，可以完全投其所好，用這個當作女性的賣點——但輕易被這種表象吸引的男性又有什麼魅力可言呢？

「女子力」很高，在男性之間會很受歡迎，反過來說卻沒有「男子力」這樣的說法，不也有點奇怪？不管是誰，都會希望喜歡的人也喜歡自己，這是很自然的反應，既然如此，無論女生或男生，雙方都應該努力。話說回來，不惜欺騙自己也希望能獲得對方青睞，不只辛苦，戀情也無法長久。接受真實的自己、彼此互相尊重，這樣的戀愛關係才是最好的喔。

# 嘴上說不要，心裡卻很喜歡？

28

我明明說不要，卻被男朋友強吻了。我認為只要對方沒有點頭同意，這麼做就是一種暴力，但到底要怎麼樣才能讓他明白呢？

Q

A 28

日文中有所謂「嘴上說不要，心裡卻很喜歡」的說法，形容女性對性知識匱乏加上生性含蓄，導致無法坦率地正面回應，所以才會顯得表裡不一。察覺到這一點，於是男方一把將人推倒，女方含羞帶怯、雙頰泛紅，讓人得以一親芳澤……哎，這是什麼古早時代的八點檔呀！現在這個性資訊氾濫的年代，哪裡還有這種「性知識匱乏而含蓄」的女性呢，倒是比較可能裝作「性知識匱乏而含蓄」，因為這樣能投男性所好。但要說男性為何喜好這種對象，就是因為無知的女性較容易掌控。在我認識的女孩子裡，也有長期被男性施以性虐待的人，因為對方是自己的第一個男人，所以她以為所謂的性愛就是這麼一回事，就算覺得痛苦也從來不曾質疑。此外也有一些遭受親生父親性虐待的女孩子，會誤以為世界上的父女都是這樣相處而沒有任何懷疑。無知確實很可怕呢。就算是讓人不舒服的事，也可以利用對方的無知，巧妙地以「要對媽媽保密喔」或「這是我們兩個人的祕密，不可以對別人說」這樣的話來加以控制，讓人即使覺得「奇怪」也說不出口。事實上比起陌生人，周遭的人所導致的性暴力（強暴）比例如今更是逐年攀升（圖3），圖中的「認識」指的就是熟人、朋友或職場上的相關人士。

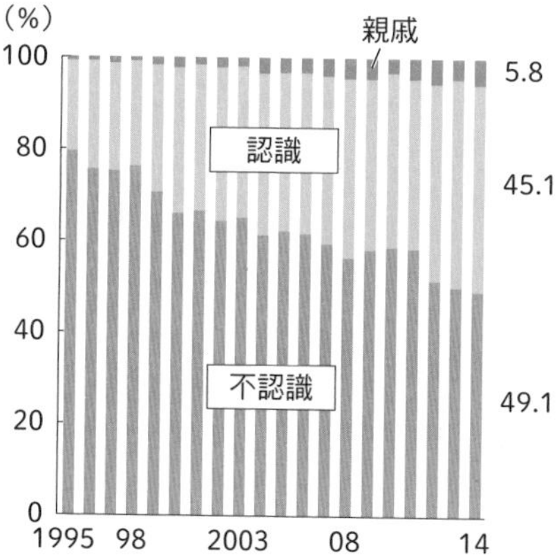


**圖3　強暴舉發件數中被害者與嫌疑人的關係結構比例變遷（1995～2014年）**

（根據日本法務省，《犯罪白皮書2015年版》繪製）

接吻是身體接觸的第一道關卡。

談戀愛畢竟是一種接近對方的手段，逐漸縮短彼此的距離，從指尖相觸、十指交握、擁抱，到黏膜非常敏感的嘴對嘴，接著則更進一步……基本上會這般循序漸進。侵入別人的身體是一種風險，在逐步接近的時候，必須一一徵詢對方的許可，就像進到別人家的時候打開一扇又一扇門那樣。而將自己的身體交付給別人時，一定要能夠感到安心，如果是被強迫的，當然會覺得害怕或嫌棄——妳的男朋友就是跳過了這樣的順序。順帶一提，要是用金錢的力量強行打開別人身體的門閂、侵犯對方的身體，那可就叫買春了。

或許妳的男友對女性的觀念有點過時，以為明明是妳自己想要，卻因為太過害羞而說不出口，既然如此他就表現得積極強硬一點吧——有這種想法的男性，請一定要好好教育他。

別多管閒事，我有我自己的想法，要就是要，不要就是不要。我自己做主，用不著你操心。突然靠近只會讓人感到害怕，也只會產生反效果。想接吻的時候、想發生關係的時候，自己是不是真的準備好了，不到最後關頭是不會明白的。到了那個時候，男方一定要問問妳的意見：「可以親妳嗎？」那麼妳或許會笑著點頭同意……這麼一來，彼此就都能感到幸福了不是嗎？

但千萬別忘了，妳答應的是接吻而不是脫衣服、也不是上床；或者妳答應的是上床而不是不避孕；妳得讓他知道，做每一件事之前都要確認妳的意願。

近來，Yes means Yes的「非合意性交」被視為性暴力，這樣的概念總算普及開來了。就算夫妻之間也是一樣，並非因為是夫妻，就可以對對方的身體為所欲為，夫妻之間只要不是合意，未獲同意就算強暴，現代人終於有了這樣的概念。

有些男生是只要女方明確表達意思就會退縮的蠢蛋。如果對方討厭擁有自我主張的女性，這樣的男性還是由妳開口分手得好。

# 什麼是對等的性？

Q29

在「性」關係當中，總讓我覺得男女雙方並不對等。要怎麼樣才能夠達到對等的關係呢？像我男朋友就不願意做避孕措施，一想到可能會懷孕或染上性病，我就擔心得不得了。

A29

性行為是兩個人之間的事，明明應該帶給彼此快樂，卻常常只有一方獲得滿足，另一方則感到痛苦。男性之所以「興致勃勃」，說穿了也就是因為性行為讓他們感到愉悅，但在女性當中，也有人並不認為性行為是一件快樂的事，甚至覺得痛苦卻又忍耐著「讓對方這麼做」。這樣的關係確實並不「對等」呢。

性行為對男女雙方不「對等」的決定性因素，是性行為的結果，也就是只有女方可能會懷孕這項嚴酷的事實。這一點不管再怎麼埋怨也沒有用。相反地，因為無論如何只有女性能夠生小孩，男性或許也會因此留下悔恨的淚水吧。也就是說，性行為是會孕育下一代的行為，我希望不論男生或女生都別忘了這件事。

但不管是不是要孕育下一代，性行為都會發生，因此必須做的就是避孕。性行為很短暫，懷孕卻是長期的，而且懷孕之後的生產與養育更是漫長的責任與重擔。如果沒有好好面對的心理準備，那麼不論是女性或男性，都有責任做好避孕措施。因此可以說，不避孕的性行為是「沒有責任感的性行為」。有些男性學的研究者主張「不避孕的性行為」是性暴力的一種，結果會導致「預料外的懷孕」，造成女方懷孕的男性則犯了「強制懷孕罪」。畢竟懷孕、生產及可能發生的小產，對女性的身心都會造成極大的影響。

「不避孕的性行為」是一種沒有責任感的性行為，也就是說，妳的男朋友對妳並未抱著責任感。萬一妳不小心懷孕了，這個不負責任的男人八成會腳底抹油開溜吧，甚至可能撇清關係、不肯承認孩子是自己的。而對妳不負責任，就代表不珍惜妳；不珍惜妳，也就表示他並不愛妳，既然如此為什麼還會和妳上床呢？那代表妳只是被利用了。儘管要看清真相很困難，但還是請妳認清「不被愛」的事實吧。

即便如此，只要他想做就讓他做，這也是一種愛吧？——請千萬別做出這種看輕自己的事。要是連妳都不珍惜自己，對方也只會變本加厲、越來越不珍惜妳。

此外，也別把避孕和預防性病兩件事混為一談。近來東京都罹患梅毒的案件數節節高升，其中二十到三十歲的女性染病率更是急速增加（東京都感染病資訊中心，〈梅毒的盛行情況（二〇〇六～一九））。為了預防性病中尤其嚴重的愛滋病，就要使用保險套。但妳是為了避孕才使用保險套嗎？請記住，保險套雖然可以預防性病，卻無法百分之百達到避孕的功能，避孕失敗的比率大約是三成*，「明明用了保險套卻還是懷孕了」的案例比比皆是，更糟糕的是自認為在性行為中可以即時中斷。許多專家都表示，不管是過程中中斷或是使用保險套，都不是完善的避孕方法，因此若不是抱著失敗的覺悟（懷孕的話就生下來、兩個人一起扶養），奉勸情侶最好別不信邪。此外，荻野式避孕法（測量基礎體溫）不能完全保證不會懷孕，避孕環也有失敗的風險，低劑量的避孕藥雖然確實可行，卻會帶給女性單方面的負擔。性行為是會孕育出下一代的行為，這件事可要牢記在心。也有很多已婚女性會發牢騷，認為性行為明明可以帶給人快樂，她們卻會擔心不小心懷孕而無法徹底投入，這都是因為丈夫對於避孕不夠積極。

東京大學上野研究室的學生曾就預防愛滋病的活動，以十幾歲的年輕人為對象，調查他們「是否會使用保險套」，而在東京首都圈與東北的城市之間，使用率呈現出極大的差異。在東北，保險套的使用率低得多，這難道是因為東北地方的年輕人比較無知嗎？現在這個時代應該沒有這種事吧？到處充斥著相關的性

* 編按：關於保險套避孕失敗的比率眾說紛紜，台北禾馨婦產科烏恩慈醫師表示，若性行為過程中全程使用保險套，則失敗率約為 2%，但若未全程使用，失敗率便會提高至 15%。

知識，哪還有十幾二十歲的年輕人會相信嬰兒是送子鳥送來的。然而東北的年輕人不使用保險套，似乎是因為「女孩子開不了口叫男方使用保險套」，明明心裡有數卻悶不吭聲……這當中所透露的，便是男尊女卑的風氣——女生在性方面要裝作什麼都不懂，男生則逮住這個機會毫無責任感地進行性行為。

至於首都圈的女孩子則會說：「怎麼這樣啦，用套套不是常識嗎？」但其中當然也有人會看對方的臉色而說不出口。性行為雖然是赤裸的結合，但在赤裸結合之前，男女雙方的角力便已經帶到了床笫之間，因此女方如果連要求男方避孕都做不到，就只能獨自背負起可能導致的重擔，這樣未免太沒道理了吧？

# 不是異性戀者難道就不行嗎？

Q30

我喜歡的對象是同性，但在課堂上或教科書裡，很多範例都是異性戀和異性婚姻。我是不是很奇怪呢？這讓我覺得很痛苦。

A30

喜歡的對象是同性……這其實是常有的事。

人類是無法壓抑「喜歡」的心情的。

話雖如此，女孩子卻總是理所當然地彼此詢問「有沒有男朋友？」，亦即認定對方會「喜歡」的是「男朋友」，也就是男性，這樣的刻板印象可說相當深刻呢，比起「學生會長是男生、副會長是女生」更為根深柢固。如果男生喜歡的不是女生，女生喜歡的也不是男生，別人就會覺得不舒服。看到這樣的反應，妳才會覺得自己「很奇怪」而感到苦惱，就算朋友聊起「男朋友」的話題，妳也無法融入，更無法明說自己喜歡的是女生……難怪會感到痛苦了。

不能喜歡和自己同樣性別的人這樣的「禁止」事項，稱為「異性戀規範」。所謂的規範指的是「規矩」，並不是自然產生的。社會掌控著自然的人類情感與身體行為，這就叫作「規矩」，也因此，課堂上和教科書裡提到戀愛和結婚對象時都以「異性」為主，畢竟它們所教導的就是社會的「規矩」。不僅如此，電視節目、電影或漫畫也多是女生愛男生、男生愛女生這種固定的橋段，在日常生活中接收到這類異性戀規範的訊息，就會認定這樣才是正常的，可見大眾媒體的責任也相當重大。

不過呢，至少妳知道有所謂「異性戀」這個詞，仔細想想，不能喜歡另一半的人類這樣的「異性戀」規矩真是不自由呢。喜歡上同性稱為「同性戀」，喜歡的對象不分男女稱為「雙性戀」，世界上並不是所有事物都理所當然地有名字，那些超出框架的事物往往等到出現後才會被取名，社會上也是因為有了「同性戀」這個詞彙，後來才出現了反義的「異性戀」一詞。之後朋友要是問妳「有沒有男朋友」，不妨回她「這麼說的話，原來妳是異性戀啊～」。此外同性戀者也常常會被問理由，那麼下次也可以試著問問異性戀者「為什麼（喜歡男生）」，我想肯定沒有人回答得出來吧。要是只能回答「這是天生的」、「這還用說嗎」，那就代表沒有任何根據。

同樣地，為什麼妳喜歡女生呢？恐怕妳也回答不了吧。不管是同性戀者或異性戀者，喜歡的都是「那個人本身」，而非只要是男生或只要是女生就都喜歡。「喜歡」的心情是無法解釋的，那是掌握了自己身心的強烈情感。坦誠面對這樣的感情，沒有必要否定本就如此的事實，也無須含糊帶過，因為「喜歡」的心情會讓人生變得多彩多姿。

妳知道什麼是ＬＧＢＴＱ嗎？這是Lesbian, Gay, Bisexual, Transgender, Questioning這幾個英文單字第一個字母組成的縮寫。足以見得世界上竟然有這麼多沒有辦法被「異性戀規範」收編的人，他們高舉著這樣的名義，強調自己的存在，讓別人眼中的少數派「被看見」。大學裡也會有他們創立的社團或社群，在每年的四月或五月，日本的ＬＧＢＴＱ和他們的後援會（稱為直同志）還會熱熱鬧鬧地舉辦遊行，稱作東京彩虹驕傲遊行，不需要遮遮掩掩，社會變得更開放了。只要上網搜尋，就會發現世界各地都有這樣的活動，不妨去參加看看吧，這樣一來妳就會發現原來自己並非孤軍奮戰，自己並不奇怪。近來日本通過了可以變更戶籍性別的性別重新指定特別法，先進的地方政府也採用了視同以同性伴侶婚姻處理的伴侶條例，時代正一步步向前邁進。

## 這樣算是逆向歧視嗎？

Q 31

我平常都搭電車通勤，但是像女性專用車廂這類設施，難道不是逆向歧視男性嗎？

A 31

常常有人這麼說呢，認為這是對男性的一種逆向歧視。但這不是妳自己想到的詞彙對吧？是誰告訴妳的呢？我想大概是其他男性吧？「憑什麼男生每天都要搭擠得要命的電車，女生卻可以輕鬆地搭乘女性專用車廂？」其實並不是這樣喔～我自己曾經搭過，在東京首都圈的尖峰時刻，就算女性車廂也是人滿為患。

而且請妳仔細想想，一開始究竟為何會出現「女性專用車廂」呢？說到底，羊毛還是出在羊身上，因為在尖峰時刻的電車上出現了色狼，女性為了自保才必須採用女性專用車廂。如果覺得這是歧視男性而有所不滿，那還真希望所有男性都能保證自己絕對不會變成色狼。要是覺得「別人我是不知道，但我絕對不會這麼做」卻飽受「逆向歧視」，也是那些和「我」同性的下流男人的錯，所以根本不應該把砲火對準女性，要恨就恨那些色狼吧：「就是因為有你們這些不檢點的男人，才害我們被拖下水！」還有，要是在客滿的電車上發現色狼或是有女性呼救，也千萬不要視若無睹，一定要伸出援手。其實男人的敵人就是男人，要是放任色狼逍遙法外，所有男性的評價可是會跟著一落千丈的。

# 遇到色狼是我的錯嗎？

Q 32

我在上下學的路上經常遇到色狼，告訴母親及老師之後，卻被說是我自己讓別人有機可乘。遇到色狼難道是我的錯嗎？

A 32

哎呀，又有人被這麼說了嗎？表現得無機可乘，難道就不會遇到色狼了？

那些遇到色狼的女性過去都說不出口，而色狼本人當然也不會站出來承認，所以大家其實並不很清楚所謂的色狼究竟是什麼樣的人，但近來「色狼研究」的成果頗豐，讓我們對這類事件有了更多了解。

研究顯示，不管被害者是不是讓人有機可乘，每位女性都可能成為色狼下手的目標，幾乎可以說，在東京首都圈搭電車通勤的女學生當中沒有人不曾遇過色狼。

此外，研究也顯示色狼會食髓知味（成為慣犯）。二〇一五年的日本《犯罪白皮書》中便揭露其再犯率高達百分之四十四．七！簡直是難以克制的上癮症狀，想來色狼根本是把女性當成了工具。

而想要避開色狼幾乎是不可能的任務。不妨搭搭看尖峰時段的客滿電車，每個乘客之間都是前胸貼後背，色狼的魔爪和性器貼上來的話根本防不勝防。何況在人比較少的電車上同樣會遇到色狼。明明車廂裡還有很多空位，卻偏偏要坐到自己旁邊，還把報紙大剌剌地攤在膝上，或是拉著電車吊環站在別人正前方露出性器。這種讓人傻眼的變態（像這樣的人就是變態！）行為，卻幾乎都是因為生病才按捺不住，更是叫人惱火到了極點。

長久以來，遇到色狼的女性往往被認為是自己不檢點、活該，但一九九〇年代，我曾在東京地下鐵車站看到寫著「色狼是犯罪」的海報，那份感動至今難以忘懷。色狼是性犯罪，既然是性犯罪就一定要被取締。

但先決條件有兩項。第一是被害者勇於發聲，第二是周遭的人不能視而不見。這必須背負很大的風險，要是大聲指出色狼，對方可能惱羞成怒而報復，身邊的人也可能視若無睹而使自己遭到孤立……真希望每個人都能明白色狼是絕對不能容忍的。在這種時候，Q31回答中的男性乘客要是可以一把抓住色狼，質問他在做什麼就好了呢。雖然近來也有勇敢的女性敢抓住色狼的手不放，直到下一站通報鐵路警察或站務員，將色狼繩之以法，但要十幾二十歲的女孩子做到這種地步還是太強人所難了。

遇到色狼會讓人怒火中燒，這時身邊的朋友或大人應該怎麼處理才好？對方如果像「母親或老師」那樣指責妳「讓人有機可乘」，可就太過分了。我認識的一名女性在念中學時曾告訴老師這樣的事，沒想到卻不被理睬，導致她從此不再信任老師。這也難怪，畢竟我們當下還是會希望有人同仇敵愾，一起大罵「真是太噁心了！」、「不可原諒！」，這樣一來，也就可以認清自己是被害者，一點錯也沒有。這還用說嗎？錯的本來就不是被害者，而是加害者。

要是這麼說，馬上就會有人指出社會上有所謂的「色狼冤罪」。極罕見地會有男性由於色狼冤罪而導致「人生毀於一旦」，但除此之外，色狼加害者卻都不曾受到任何懲罰而逍遙法外，男性雜誌甚至還曾提出哪一條路線比較適合當色狼之類的煽動性言論。日本這個國家瀰漫著對色狼的寬容風氣，被叫作色狼文化也不為過。儘管不應該有冤罪，但色狼冤罪的始作俑者卻並非女性，並非女性一發聲，對方就會被自動定罪為色狼，冤罪是由於粗率的司法調查所致，將警方與司法的疏失轉嫁到女性身上可是大錯特錯。

要是宣稱有色狼冤罪，那麼應該針砭的就是這個國家的色狼文化——害那些無辜的男性也被當成潛在色狼。別忘了，形塑這樣的色狼文化的，正是男性本身。

# 只有高中女生可以打的工

Q 33

我要是走在御宅族的聖地秋葉原，常常會被看起來很像牛郎的帥哥追問：「妳是高中生嗎？」不假思索地肯定回答後，對方就會接著邀我去打工，說什麼「只要陪男人一起散步，就可以得到一大筆打工費」，還會強調「這種打工只有還在念高中的時候才能做呢」，卻又說「不可以讓爸媽或學校知道」，這實在讓人很煩惱，畢竟要維持御宅族的興趣也很花錢。只有現在、而且只有高中女生才能打的工，該不會是什麼不好的事吧？

A 33

唔，這真是讓人不舒服。

好幾年前在澀谷和池袋，就會有大叔向穿著泡泡襪的女孩子搭話，當面詢問對方的「價碼」，讓她們驚覺：原來自己的身體是可以變現的？對某些大叔來說確實如此。有些市場也是以女性的性服務當作商品，在日本，要加入那樣的市場（也就是風俗業）

必須年滿十八歲，高中女生是不能涉足的。但正因為被禁止，所以有些變態大叔才覺得高中女生（簡稱ＪＫ）討喜。比起成熟穩重的女性，單純的少女更好（因為不會拿他和別的男人比較）；還不懂得怎麼花錢的十來歲女孩更好（隨便請個客或送個小禮物她就會開心得不得了，實在很省）；穿著制服的更好（既清純又有讓人下不了手的禁忌感，令人欲罷不能）……哎，光是寫下這些就讓人覺得反胃呢。

日本所謂的ＪＫ經濟，就是以那樣的大叔為對象，為了滿足男性而在男人之間成立的交易。高中女生雖然是只能得到少許打工費的商品，但那筆打工費卻比一般的打工還要多，讓人不禁感到飄飄然。因為妳還沒滿十八歲，所以對方當然不會挑明了說是「提供性服務的打工」，但要是妳單純以為「只是散個步」就同意的話，那可不只這樣喔。接下來肯定會得寸進尺，詢問「可不可以牽手？」、「可不可以摸胸部？」、「可以把內褲脫了嗎？」業者就是看準了這一點，這種生意才會有人做。因此既然說「不可以讓爸媽或學校知道」，當然就是不能對別人透露的不當工作內容。

妳知道引誘女孩子拍ＡＶ的手段嗎？那就是找帥哥向澀谷或新宿路上頗具姿色的女孩子搭話，宣稱自己是模特兒事務所的人，問對方「妳想不想當模特兒呢？如果是妳一定沒問題喔」、「我們在找可以當寫真偶像的模特兒，妳的形象和我們心目中的人選一模一樣呢」，一般女生聽到了肯定會心癢癢，自尊心也獲得了滿足，如此一來戒心就降低了，簽了合約之後被帶去拍攝現場，才驚覺和自己想像的不一樣。要是當場拒絕，對方就會拿出白紙黑字的合約，威脅違約的話要賠償，許多女孩子因此受害。所謂「賺錢的門路」通常都沒有那麼單純，這一點千萬要謹記，不要受騙上當。

JK確實具備商品價值，而且這項價值還限定在某個時期——既然如此，趁著還有價值的時候利用自己的身體，又有什麼錯呢？妳會這麼想也不奇怪。在這樣的JK經濟中，妳所邂逅的會是什麼樣的男性呢？不妨仔細想想，那是第一次見面且彼此並不熟悉、只因妳是JK就性急地掏出一大筆錢的男性，而且說不定他也有妻女，女兒的年齡甚至可能和妳相當。要是妳的父親對別的女孩子做出一樣的事，妳會怎麼想呢？

日本一般社團法人「Colabo」（https://colabo-official.net）的代表仁藤夢乃女士便提供了安心、安全的居所和飲食給在都會中徬徨、無處可去的年輕女性。許多半夜不回家的人往往是有家歸不得，一旦回家，要面對的可能是父親的拳打腳踢或母親的虐待，然而只要在網路上隨便發個文宣稱自己無家可歸，馬上就會有好幾名男性表示願意收留她們。儘管「天無絕人之路」，但這個「天」並不可靠，而是別有用心的「老天爺」。即便如此，那些苦於無處可去的女孩子還是會乖乖跟著「老天爺」（怎麼連老天爺也是爺們）回家，並順從對方的要求，用身體換宿。而仁藤女士就會在這樣的事情發生前，向那些女孩子伸出援手，收留她們。

仁藤女士的團隊蒐集了許多女孩子在街頭遭遇到的經驗，舉辦了一場名為「我們『被買下來了』」的展覽，有些男人看到這場活動便怒火中燒：明明是妳自願跟上來的吧？那就要敢做敢當，自己承擔後果才對。這些「老天爺」會請赴約的女孩子吃拉麵當晚餐、讓她們借宿（要做的事都會做），或許基於一點罪惡感，所以隔天早上還會給她們零用錢……這些最終都和伴隨對價關係的性服務是一樣的。女性難道是能用這點錢「買下來」的？？？也難怪女孩子會這麼想了。在這些女孩子當中，也會有人學到討價還價的技巧，認為既然可以賣，那就要賣貴一點。然而，一開始給這樣的女孩子標價、開口詢問對方「價碼」的，正是那些大叔。將陷入困境的年輕女孩逼到死角，只為了滿足自己的性慾，真是噁心透頂。

雖然有點噁心，但忍一忍也就過去了，看在錢的份上就算了……要是有這種想法，接下來想必會越陷越深吧。那麼做了這些事情的妳，又能得到什麼呢？

或許真的可以拿到一筆錢，卻必須忍受令人作嘔的感覺，面對那樣的男性，妳明白的難道不是他們輕浮汙穢的本性？又難道不會討厭被那樣的男性花錢買下來的自己？

到了最後，難道不會連自己都無法忍受自己？

不只是ＪＫ經濟這一環，和不尊重自己的對象來往，往往也會變得無法看重自己。為了得到一般高中女生得不到的金錢，妳所付出的代價就是再也看不起自己，這樣的代價實在太高了。

秋葉原是御宅族的聖地，所以也不乏御宅族女孩子的身影——琳瑯滿目的商品都想要、再多的錢也不夠。要是這樣，就還是去找一項個人負擔得起的興趣吧，不夠的部分就用自己的創意來彌補。

我想，在未來的人生中，無法讓人驕傲地訴說的經驗，還是不要有比較好。

# 要不要辭掉工作呢？

Q34

我姊姊是上班族，總是宣稱「結婚以後就要辭掉工作」，因此很努力地進了好公司，而我哥哥則說「太太也可以工作賺錢比較好」。我明白每個人的人生選擇各有不同，身為老么的我想選擇佔便宜又輕鬆的路，請問老師，我該選哪一條呢？

A34

咦？妳姊姊都已經「努力進了好公司」，卻打算辭掉工作嗎？這真是令人難以理解呢。她口中的「好公司」並不是可以讓女性持續工作下去的「好公司」，而是可以順利找到未來另一半的「好公司」嗎？？也就是說，「好公司」裡會有「好男人」，一旦找到好對象她就要馬上離職？？？

那麼妳姊姊當初求職的目標並不是為了工作，而是為了結婚這個「鐵飯碗」，選擇公司的標準不是工作而是結婚？做出這種選擇的姊姊，在日本往往被稱為「昭和妻」，因為這樣的作法在過去的昭和時代（也就是平成以前的時代）很普遍，屬於女性的生存方法，只是，如今已經不再是那樣的時代了呢。請回頭讀讀Q10的回答吧。

當年是基於時代所孕育的條件，才造就了「昭和妻」這樣的角色。

第一，是當時的離婚率很低，結了婚就是一輩子的事。只是這樣的「鐵飯碗」後來也不再是「鐵飯碗」了。婚姻關係變得不穩定，現在的日本，平均三對夫妻就有一對離婚，而且離婚的理由五花八門，有的是因為家暴，有的是因為夫妻雙方外遇，還有因為獨力做家事、帶小孩或長照問題而分道揚鑣的。人生這麼長，結婚不再是「終場」，更不會是王子與公主從此過著幸福快樂的一生。

第二，所謂的「好公司」現在也變得不穩定了。在昭和時代，一旦被公司錄取了，就能一路做到退休。每當我的研究生來向我報告他們被企業錄取時，我總會說：「恭喜恭喜，但不知道你的公司有沒有辦法撐到你退休那一天呢。」在這個動盪的年代，就算是知名企業也很難保證可以存續到何時。事實上，我們也已經目睹好幾家昭和時代的大企業進入平成年代後宣告破產倒閉。而人的一生那麼長，許多公司的壽命往往還沒有個人的命長。

這麼一來，妳姊姊的選擇可是要承擔非常大的風險。

就這一點來說，妳哥哥還比姊姊更能認清現實。在這個前景渺茫的時代，最好找到一個能共同承擔風險的對象。妳哥哥覺得「太太也可以工作賺錢比較好」，這樣的選擇可以說相當務實，因為要是有一方失業、換工作，或是生病、出車禍，就可以靠另一方來降低風險（迴避損失）。但話說回來，妻子也「工作賺錢」，就代表夫妻兩人必須「一起承擔做家事與帶小孩」的責任，妳哥哥已經有所覺悟了嗎？男性常常懷有「不想獨自負擔家計」的心態，內心深處卻也希望「盡量不用做家事和帶小孩」，那他們所期待的對象就是要「會賺錢（但不能賺得比自己多），還會獨力做家事和帶小孩，而且沒有任何怨言」，簡直就是Q19的妻子化身。只是這樣一來妻子一定會感到不滿，所以不可能「沒有任何怨言」。

那麼，對長期以來觀察著姊姊和哥哥的老么妳來說，「佔便宜又輕鬆」的是哪一條路呢？所謂「佔便宜又輕鬆」的條件，也會因時代而異。姊姊的選擇在昭和時代或許算得上「佔便宜又輕鬆」，但到了現在的令和時代，說不定是風險最高的，而哥哥的選擇乍看之下對男性來說「佔便宜又輕鬆」，相當合理，但對他將來的另一半來說又是如何？

至於妳呢？哥哥的選擇確實風險較低，所以妳首先要培養自食其力的能力，而且要找到不需讓妳一個人背負「家事和育兒」責任的對象，不然就是要培養另一半成為那樣的人。希望對方「愛我就要珍惜我」，便要選擇能夠彼此尊重的伴侶——說到底，所謂的人生並沒有「佔便宜又輕鬆」的路呢（笑）。

# 邁向婚姻的路只有一條？

Q 35

和我感情很好的表姊最近開始和男朋友同居，大家好像都在問她是不是要結婚了，但表姊說比起結婚，現階段更想確認對方是不是能夠共同生活的人，所以才決定先一起住看看。但卻有很多親戚七嘴八舌地說「要是懷孕怎麼辦？可就變成瑕疵品了喔」，真是讓人難以招架。邁向婚姻的路和婚姻的形式是不是只有一種呢？

A 35

我以前也對日本人同居的比例不曾提高感到百思不解，彼此的身體合不合，沒有真正發生關係不得而知；而彼此的性格合不合，沒有一起生活過也不會明白吧。明明就連買件衣服都知道要試穿了，面對婚姻這項人生中最重要的抉擇，卻不先同居看看就結婚，風險未免太大了。以前的新婚夫妻會在婚禮當晚迎接「初夜」，也就是初次的性行為，但要是到時才發現兩人不合，那可怎麼辦！畢竟也不能當場離婚吧。所以有人說結婚就像賭博，而用賭博來決定人生最重要的選擇之一，實在太危險了。要是賭贏也就算了，一旦賭輸，可能就賠上了自己的人生（當然也可以離婚，但會耗成本和精力）。

所以說，妳表姊的作法非常明智。

在日本，同居關係又稱作「事實婚」，同樣是男女共同生活，只是未提出法律上的申請。無論是開始同居或不再同居，對兩位當事人來說都是非常重要的決定，可能有好處也有壞處，所以請妳祝福做了這項重大決定的表姊吧。

要是擔心懷孕，那麼發生性行為的時候就多加注意，但人家說不定早就做好了生小孩的心理準備，要是另一半也覺得懷孕沒關係那就無妨。真的懷孕的話，是不是要為了孩子結婚也都不打緊，如果彼此都不想強迫對方改姓、造成不便，那麼就直接報戶口，心裡清楚孩子的父親是誰也就夠了。假使希望孩子從父姓，那就提出結婚申請，其實也有伴侶是報了孩子的戶口之後便離婚、恢復原來的姓氏。一樣米養百種人，只要互相理解，那麼有沒有區區一張結婚證書其實都無所謂。即便婚姻有法律上的效力，一旦破滅仍舊無法挽回，結婚證書並不能保證彼此永遠相愛，這種事我們在生活周遭已經看到不想看了吧。

至於那些囉嗦的「大家」和「親戚」，他們八成是活在古早時代，認為結婚是一輩子的事，一旦失去處女的身分就像商品有了瑕疵，再也賣不出去了吧。說穿了，所謂「瑕疵品」，是把女性當商品一樣買賣的時代才會用的詞彙。結婚這件事，並不是把女性高價賣出的生意。那些親戚也真是可憐，他們生長在那樣的時代，沒有辦法先試著同居就像賭博一樣結了婚呢。

在歐洲，許多人就算生了小孩也仍舊只維持同居關係，也就是事實婚，結果孩子就被認定為非婚生子女。咦？妳說這樣一來小孩子不是很可憐嗎？要是在日本，非婚生子女會遭受不當的歧視，確實很可憐，但在歐洲，兩人維持事實婚和法律婚相比並沒有任何不利，即便孩子是非婚生子女也不會有什麼問題，對單親媽媽同樣有完善的補助方案，就算是法律婚也佔不到更多好處，所以這些人才會繼續維持事實婚。妳知道嗎？因此所有新生兒中非婚生子女的比率，在法國佔百分之五十九．七，在瑞典佔百分之五十四．九，在德國佔百分之三十五．五，就連在保守的義大利都佔了百分之二十八．〇。相較之下，日本的非婚生子女出生率是百分之二．三，比例可說非常低（OECD Trends Shaping Education 2019）。因為日本是一個法律婚較有利、對非婚生子女不友善的社會，才會導致這樣的結果。說「小孩子很可憐」並不正確，是這個社會使得「小孩子變得很可憐」，而打造出這個社會的，正是那些宣稱「小孩子很可憐」的歐吉桑和歐巴桑。

但就算在日本，事實婚和非婚生子女都有逐漸增加的趨勢。事實婚並非基於法律上的契約，而僅根據彼此之間的情感羈絆，所以兩人的關係或許會維持著緊張感，無法掉以輕心；而生下非婚生子女、「成為父母」，會讓人開始表現得「像父母」，所以名義上的「父親」也無法置身事外。一旦訂立契約，就覺得可以放下心來撒手不管的通常都是男性，日本有句老話叫作「上鉤的魚不餵餌」，指的就是這樣。不過把女性比喻為「上鉤的魚」，可真是失禮呢。

與其說妳的表姊輕率無謀，倒不如說她相當慎重。請妳務必好好守護選擇了嶄新人生的表姊，為她加油打氣。

# 我們該怎麼改變社會？

第4章

# 女性部長和議員人數是不是太少了呢？

Q36

為何其他國家有許多女性政治家和部長，日本卻很少呢？還有議員和部長懷孕的話明明可以請產假和育嬰假，卻很少人這麼做，為什麼呢？

A36

妳問得很好，為什麼呢？真是令人百思不解。

日本是一個民主國家，要當上政治家，就要先成為候選人並順利當選才行。所謂議會內閣制，就是從國會議員當中選出首相和多數部會首長，所以必須先當上國會議員才行。

日本的女性國會議員在眾議院佔百分之九．九（二〇二〇年六月的數據，引自日本眾議院官方網站），在參議院佔百分之二十二．九（二〇二〇年七月的數據，引自日本參議院官方網站），二十一名閣員中則有兩名女性（二〇二〇年九月的數據），歷來還沒有女性擔任過首相。反觀芬蘭，不但有過女總統，也有女總理，德國、英國和紐西蘭也都是女性擔任首相，那為何日本的女性官員會這麼少呢？

所謂的政治家，首先要當上地方議員，累積經驗、鞏固地盤，接著問鼎國會，擔任好幾屆議員之後才能當上閣員……這是一般的晉升管道（當然也有人不經這樣的途徑而一舉當上了國會議員），要是基層不網羅女性政治人才，頂端當然也就罕見女性政治家了。這和口口聲聲說要增加女性管理職，卻缺乏擁有相關經驗的人才資料庫而無法一蹴可幾是同樣的道理。

為什麼日本的女性政治家那麼少？那就是因為女性候選人很少。這和東大的女生很少的意思一樣，本來女性考生就少，當中可以通過考試的更少。所以要是女性候選人很少，有投票權的人也沒有什麼選擇，結果便會導致女性政治家遲遲無法增加。有權利的人分別擁有選舉權和被選舉權，日本女性行使選舉權的比例雖然比男性高（女性投票率往往高於男性），行使被選舉權（成為候選人、被選舉的權利）的卻很少。

所謂的參政權，是人民的權利，可以左右自己所屬集團的命運。也有些人明明有投票權卻不去投票，有權利卻不行使……這是女性的錯嗎？將一生奉獻給婦選運動（爭取女性參政權的運動）的日本女性政治家市川房枝，對於女性獲得參政權後仍無法改變政治感到失望，在去世之前留下了這麼一句話：

「別讓自己的權利睡著了。」

二次大戰之前，日本女性並沒有參政權，到了戰後，女性則隨即獲得了參政權，所有人都因此興奮不已，所以在一九四六年的第一屆總選舉中，一口氣選出了三十九位女性議員。後來到了二〇〇五年，人數達四十五名，二〇〇九年則有五十四名，但到了近來的二〇一七年，則又減少為四十七名。

各位不妨想想其中的原因。日本很難出現女性政治家，其實有各式各樣的因素。

首先，是基於男先於女的男性優先概念。那些在戰後隨即當選的女性議員不再連任，是由於當時混亂的戰後過渡期已經結束，男性都從戰地回歸，社會恢復了舊秩序，女性也就回到了原本的所在。

其次，是因為政治家都是地方或團體的利益關係人，町內會這樣的自治團體和相關團體主要推舉的都會是男性。町內會會長或是相關組織的會長是男性，他們所推派的候選人也往往是男性。根據圖4所示，與地方關係緊密的自治會中有「推舉男性」的傳統，就連女性會員佔壓倒性多數的家長會中，仍舊以男性會長佔多數。這和學生會長是男生、副會長是女生一樣，學校就是社會的縮影。

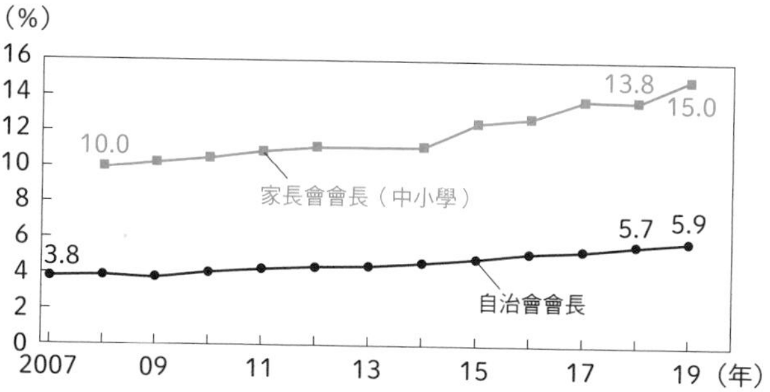


**圖 4　自治會會長與家長會會長的女性佔比變遷**

（根據日本內閣府男女共同參劃局，《男女共同參劃白皮書 2019 年版》繪製）

第三，女性如果想要出馬競選，常常會遭致家庭內的反對聲浪，也就是來自丈夫或親友的反彈。因為在他們心中，女性的工作是負擔家事與帶孩子，要是出任公職，想必就會疏忽家務。不僅如此，地方議員等同地方上的名流，看在外人眼裡，也會認為妻子怎麼可以比丈夫出風頭、比丈夫更了不起。在這樣的情況下，孩子似乎反倒會成為支持的力量，鼓勵母親做自己想做的事。事實上，在日本投入選舉而未遭逢「家庭內反對聲浪」的女性，常常不是丈夫已經去世的未亡人（這個用詞也很過分呢），就是已經離婚的單親媽媽。

第四，不只是性別，這和年齡也大有關係。在日本的團體中要推舉領導人時，往往會推舉年紀最大的男性，而在只有女性的團體中，則會推舉最年長的女性，這是稱為「年序」的年齡階級制度。

而隨著人類壽命越來越長，政壇如果全部都由年長者把持，便無法達到活化的效果，因此也有政黨開始設立政黨公認候選人的退休制度。至於女性政治家，也多是已經不再需要照顧孩子的年長女性，現任的政治家懷孕生子什麼的，恐怕誰也不曾設想過吧？但從今以後，在任期內懷孕生子、必須照顧小孩的議員想必也會增加。畢竟如今已經有幾位女性議員生了小孩，男性議員小泉進次郎近來則請了短期的育嬰假，造成了話題。在熊本市議會，將哺乳階段的嬰兒帶到議場的女性議員雖然受到了議會的懲處（！），但今後的議會想必也會需要托兒所。

第五，選舉的手段有三，就是靠地盤、看板和皮包。地盤是指政治家和他的小孩會繼承支持者的組織、地方上的利害關係人所代表的組織等，代代相傳，因此所謂的政二代也就增加了。即便是女性參選人，只要是知名男性政治家的妻子或女兒，就可以接收他的地盤。而看板打的是知名度，女性若是不站出來搶曝光，知名度就會低落，媒體的力量何其大，也有女性是透過電視宣傳獲得廣大的知名度，因而躋身政壇。至於皮包，不消說，指的就是金錢的力量。在過去，甚至有一票多少錢的買票賣票情形，現今也不乏透過金錢交易從事近似「買票」的違法情事。畢竟選舉要花錢是「常識」，因此也就產生只有有錢人才能出來選舉的現象。由於這實在令人傷透腦筋，因此《公職人員選舉罷免法》當中便規定選舉海報或傳單等一定額度的費用須由公費支出。女性候選人即使沒地盤、沒知名度又沒錢，仍然可以根據保障條款當選公職，可以說選舉的方式如今也有所改變了呢。

第六，是選舉的機制對女性不利。日本在戰後很長一段時間採用的是中選區制（複數名額），但在一九九六年卻變更為小選區制（一區一名）。一個選區可以選出好幾名議員的中選區制，除了最高票的人以外，第二與第三高票的人也可能會選上，但如果只有最高票者能當選的話，那麼候選人和當選人便都會集中在男性身上。就像在班長是男生、副班長是女生的情況下，假使一個班級可以有兩個人參加全校的班長集會，那麼集會上就會是男女各半，但如果規定只有班長一個人能參加，那就變成出席者全都是男性的集會了。這樣的小選區制不只對女性不利，對於佔少數的在野黨顯然更不利，因為投票者只要投給了當選人以外的人，就都成了無效的「死票」。說起來，日本上次的眾議院選舉（二〇一七年）中，無效票就佔了總票數的百分之四十八，簡直讓人不想去投票了。

第七，另一項不利的因素是所謂的保證金制度。參選人要是未能獲得一定數量的選票，所繳納的保證金就會被選委會全數沒收。日本的選舉保證金金額在各地方政府議會是六十萬日幣，眾議院小選區是三百萬日幣，比例區是六百萬日幣（町村議會則依《公職選罷法》修正，於二〇二〇年十二月改為十五萬日幣），不管怎麼說，都是一筆不小的數目，光是繳得出這筆錢的候選人就很少了。雖然政黨提名的候選人可能會由政黨代為繳納保證金，但在那樣的情況下，也往往會推出當選機率較高的候選人，資淺的女性很少能夠出線。要說為什麼會設立這樣的制度，想來是為了避免候選人泡沫化，因此提高了門檻。

第八，更不利的機制是一旦當選，當選人就必須辭去原本的工作。因為議員屬於特殊公職，是受地方政府或國家聘僱，所以不能同時從事其他職務，但如果是務農或開公司的自營業者，不用辭職也無妨。畢竟議員這項職務是有任期的，四年後能不能連任誰也不知道，要是就這樣捨棄原本的工作，風險未免太大。根據職務的差異，也有人在成為候選人的時候就辭掉了工作，只是離職投入選舉，一旦落選可就回不去了。

總之，即便使出千方百計，當上議員的門檻還是相當高，女性議員遲遲未能增加也無可厚非。

而女性政治家逐漸增加的國家往往有一些共同的特徵，那就是在歷史上的某一個時間點引進了針對候選人的男女配額制。例如挪威是在一九八八年引進了配額制，讓男女比率皆不低於百分之四十；法國則在二〇〇〇年制定法律，規定政黨候選人的男女人數必須相同。而日本也在二〇一八年訂立了《候選人男女均等法》（正式名稱為《政治上推動男女共通參劃法律》），但因為沒有罰則，所以執政黨往往也無法堅守。要是不能訂立具有強制性的法規，女性政治家就不可能增加。

那麼究竟該怎麼辦呢？

在增加女性國會議員的人數之前，不如先提升各地的地方議員人數，打好基礎。那又該如何增加地方議員的人數呢？我倒是有一條妙計，那就是降低參政的門檻。將地方議會改為兼職，開放夜間工作，議員的報酬也減少為兼職的薪資，在個人工作之餘將議員的職務當作奉獻地方的志工勤務。事實上，有些地方政府只有在議會開議期間提供議員日薪，簡單來說，只要議員不再是名流、不再講究排場就好了。我相信只要身為議員不再有利可圖，用不著特地設定配額制，男性也最終會淡出，女性的人數便會增加。因為那些老大爺不會去做對自己沒好處的事，何況現今的選舉也可以利用網路拉票，就算不是地方上的名人，也能透過網路宣傳理念、獲得支持——不管是選舉或議會如今都與時俱進了。

政治家的工作，就是將市民掏出來的稅金依優先順序重新分配到真正需要的地方，而女性往往更清楚哪裡有哪些人需要怎樣的幫助——她們說不定才是最適合政治這份工作的。要是有許多累積了這番經驗的地方政治家，那麼當中也會出現願意參與國家大事的人吧。

# 沒有我想投的候選人

Q37

前陣子日本雖然舉行了參議院補選，但候選人全部都是男性，因為沒有我想投的人，所以我就沒去投票了。要到什麼時候我屬意的女性候選人才能出線呢？

A37

這個問題和上一道問題息息相關呢。在日本，為什麼女性候選人這麼難出線？我前面回答的內容，妳都明白了嗎？

話雖如此，還有一項常常引發討論的議題，就是只要是女性候選人就好嗎？雖然我明白女性選民想要支持女性候選人的心情，但對我來說，也會有想支持的女性和不想支持的女性。這還用說嗎？畢竟不管男性或女性，都是一樣米養百樣人，一旦女性議員的人數稍稍增加，妳就會發現她們其實有各式各樣的類型，目前只是基數太少而難以判斷。此外「某個領域的第一位女性」經常會博得男性上司的青睞，所以也往往讓旁人不以為然。英國「第一位女首相」瑪格麗特．柴契爾由於對女性與弱勢族群很嚴酷，在英國的女權運動者當中名聲相當差，因為有這樣的經驗，所以英國的女權運動者並不會對女性政治領導人抱有太多期待。比起性別，評斷政治家更重要的是這個人究竟能在政治上為民眾貢獻什麼。但為了進一步認清「女性百態」，前提就是要增加女性的人數，因此採取能夠增加女性議員人數的配額制是比較妥當的。

那麼，要是眼前沒有讓人「想挺」的候選人，又該怎麼辦呢？有一個好方法，那就是妳自己參選。在日本，年滿二十五歲就能行使被選舉權，有些研究生也當上了地方議員，在二〇二〇年四月當選德島市市長的，甚至是年僅三十幾歲的女性。參政權，指的就是參與政治的權利。如果不願意把票投給眼前的人，那麼就自己出馬吧，這也不失為一種辦法。雖然是任期制的職務，但想必會是一段很棒的經驗——將「成為政治家」加入妳未來的選項裡，也很不錯喔！

# 女性的求職路上陷阱一籮筐?!

Q 38

正在找工作的姊姊只要去面試或去拜訪已就業的學長姊，回來之後都一副怒氣沖沖的樣子。她似乎每次都會被追根究柢地問一些「有沒有男朋友」之類的私人問題，好像還被要求私下見面。這莫非就是所謂的求職騷擾？面對這種情況，該怎麼應對才好呢？

A 38

這還真是讓人火大呢！畢竟求職者站在被挑選的立場，本就屬於弱勢的一方，沒想到還有人趁機佔便宜。

妳姊姊遇到的事其實就是「性騷擾」。

性騷擾指的是「濫用權力、導致不樂意的性接觸」，明顯是一種侵害人權的行為。在求職面試的時候，企業與求職者雙方的地位並不對等，權力是掌握在企業手上。但那是決定妳會不會被錄取的職務權力，並非面試官（老大爺佔壓倒性多數）私人的權力。而「濫用」這樣的職務權力，超出了聘僱員工的職務範疇、意圖和求職者產生性接觸，就是性騷擾。對方應該要釐清的是妳可不可以勝任這份工作，跟有沒有男朋友沒半點關係吧？為什麼妳又得在公司外和他那樣的人私下會面不可呢？遇到這樣的事雖然讓人氣惱，卻往往有口難言，正是求職者的辛酸。被要求私下會面、對方宣稱要「好好傳授妳這份工作的竅門」，親切的態度可能讓妳誤以為自己有機會被錄取吧～以為是單純的親切對待，實際上卻是別有用心——日本記者伊藤詩織就曾出版《黑箱》一書，記述自己受到性侵害的經驗。儘管被指責誰叫她要私下單獨赴約，但對女性伸出魔爪的老大爺難道就一點錯也沒有嗎？此外也絕對不要誤認為被要求「私下會面」的只有妳一個，而以為自己多有魅力。根據過往的性騷擾加害者研究顯示，這些人通常都是慣犯。

那麼該怎麼做才好呢？這種時候請妳到大學的就業相關窗口、地方的勞工局或是個人也能參加的在地團體尋求意見，有時還能獲得行政機關的支援。要是將對方的公司大名公諸於世，就有可能使其評價一落千丈，但由於需要充分的證據，因此必須在面試時私下錄音或詳細做筆記，又或者蒐集其他同樣受到面試官騷擾的女性的證詞。但要自己一個人做到這些並不容易，因此早在一九八〇年，早稻田大學的女學生就組織團體、蒐集面試騷擾的事證，發行了提供自救手段的《我們的求職筆記》。二〇一九年，東京大學、早稻田大學、慶應義塾大學、上智大學、國際基督教大學（ＩＣＵ）和創價大學的學生所組建的SAY（Safe Campus Youth Network）更發出緊急聲明，訴求終止求職騷擾。

然而，針對這樣不合理的性騷擾行為，只要求女學生自求多福也未免太過分了。大人世界裡的不當行為，理應由大人負起責任解決才是，也因此更有必要釐清事情的真相。妳或許會擔心這樣一來通報的人真實身分要是曝光，錄取的機會也會化為烏有——所以妳寧願忍受性騷擾也要進這家公司嗎？要是進了這間公司，那位性騷擾的面試官說不定就是妳的主管喔！果真如此，到時可就逃也逃不掉、躲也躲不開了。假使有人在面試時對求職者性騷擾，一旁在場的同事卻完全沒有阻止的意思，這樣的公司就可說擁有性騷擾的體質，在面試當下最好能夠及早判斷。

什麼？可是這家公司名聲響亮、薪水又高？請記住，就因為是這樣的公司，才會養出性騷擾慣犯。妳寧願屈服在名氣和金錢之下一再隱忍、默不吭聲？那可是會侵蝕妳的美麗和健康的。出過社會的女性都知道，人生中沒有什麼事比面對討人厭的上司更痛苦的了。面試並不僅僅是公司選拔人才的單方面關係，就求職者的立場來說，其實也是尋找合適對象的「相親」場合，是可以冷靜觀察這間公司的時機，這一點請務必轉達給妳姊姊。

# 歧視沒有終止的一天嗎？

Q39

姊姊告訴我：「在出去找工作以前，我還以為社會上已經沒有歧視女性這回事了。」聽到這番話，我非常驚訝，因為我也覺得早就沒人在歧視女性了。究竟要怎麼做，歧視女性的情形才會真正消失呢？

A39

不知道妳是不是已經讀過前一題的回答了？性騷擾就是女性歧視的一種，一開始找工作就遇到歧視女性的情況，那要是進了這間公司，也馬上就能領教到公司的歧視體質吧。

過去未曾注意到，或許是因為妳只關注學校裡的事，但學校其實正是表面上性別平等的社會。畢竟考試不分男女，所以分數往往是平等的。不過，妳真的覺得學校貫徹了性別平等嗎？那麼校長是男是女？副校長呢？小學老師雖然大多是女性，但在中學和高中這種背負升學壓力的階段，還有那麼多女老師嗎？Q1中也曾提到，學生會長很多都是男生吧？或者妳是女校出身的？

在家裡又是怎麼樣呢？母親的地位和父親對等嗎？母親賺的錢和父親一樣多嗎？父親分擔了和母親一樣多的家務嗎？妳的阿姨、叔叔家是怎樣的情況呢？妳朋友的父母關係又是如何呢？

……只要稍微看看周遭的人，就會發現歧視女性的現實明明白白地擺在眼前。前面每一章提到的每一道問題，都是源自對女性的歧視，所以應該沒有人會以為去上班不會有歧視問題，也不至於現在才感到「非常驚訝」吧？

不過不真正遇到就不會有所醒悟，這就是人類的通病。現在妳姊姊面臨歧視女性的現實而感到衝擊，在她上頭或許沒有女性上司，就算有，可能也是咬著牙根苦幹，讓人看在眼裡一點都不想變成那樣。參加員工聚會時，性騷擾就像家常便飯，旁人只會默不作聲地陪笑，要是一直待在這樣的公司，未來簡直一片黑暗。

有一個方法可以判斷一間公司是不是好公司。那就是觀察公司裡有沒有年資十年、二十年、三十年的女性，而那些女性的工作情況又是如何。再將她們當作範本，想想十年後、二十年後、三十年後，自己會想要變得像她們那樣嗎……。其實妳姊姊在求職的時候，如果可以先確認這幾點就好了。要是有機會，就向資深的女員工探聽看看，輪到妳要找工作的時候請務必這麼做。

那麼，怎樣才可以消滅女性歧視呢？

嗯，這實在很不容易，並非一蹴可幾。畢竟日本的公司以前原本不太聘用女性，就算僱用，也是為了讓她們輔助男性員工的業務，此外還有結了婚就得離職、三十歲就得退休的潛規則。那樣艱難的時代持續了很長一段時間，如今女性得以被聘用擔任職等較高的綜合職，女性員工也不再被強迫負責端茶倒水。這些都是一點一滴慢慢改變的，也都是女性努力爭取來的。透過抗議活動、訴諸法院、和夥伴共同發起運動、立法等，最終改變了那些老大爺的想法。

至於妳可以做的事情則有兩件。

一件是認清現實，盡量選擇較少歧視女性的公司或職業。各家公司當中，既有許多會讓妳姊姊受到衝擊的那種歧視女性的公司，也有不會這麼做的公司。不妨就去應徵這些相對來說較少歧視女性、能讓女性自在工作的職務吧。日本政府所設置的「女性活躍推進法『可視化』網站」（https://www.gender.go.jp/policy/suishin_law/index.html），便刊登了相關的公司資訊，妳姊姊在找工作的時候其實就應該事先確認這些資訊。此外，也可以應徵相對較少歧視的專門職務，比如公務員或學校老師等，雖然會有升等上的歧視，至少沒有薪資上的差異。不過要得到這樣的工作就需要相關證照或學歷，不妨趁現在好好調查一番吧。

另一件妳可以做的事，就是一步步慢慢改變自己所在的地方。雖然很辛苦，但那些女性先驅也是像這樣一點一滴改變公司和整個社會。要是單靠自己的力量或許很困難，所以也可以借助同伴的力量，像是泡茶之類的工作，不妨向公司提議「為什麼都是女生在做呢？」、「買台飲水機，改成自助式不是很好嗎？」，這樣想必就能逐步改變公司。雖然看起來很「好戰」，但實際這麼做的女性其實都覺得「非常痛快」呢，畢竟自己的力量可以逐漸改變這個社會，一旦有所回應就能讓人樂在其中。

啊，最後還有一件妳決定進公司時沒想到的事！那就是所謂被聘用，代表必須對別人說的話言聽計從，但這個「別人」如果是會性騷擾的主管，可就叫天天不靈、叫地地不應了。所以其實也可以選擇自行創業或是當接案的自由工作者，為了走到這一步，就必須儲存相當的實力與技能，那應該要到哪裡學習這樣的能力呢？不妨就從現在開始思考吧。

多虧了妳姊姊的經驗談，這樣一來妳就有更充分的時間準備，真是太好了呢。

# 應該選擇綜合職或是一般職呢？

Q 40

我姊姊是大學生，今年要開始求職了，但她對於應該找綜合職或一般職感到很迷惘。感覺綜合職比較有挑戰性，但似乎得拚上老命，而且也不知道會被分派到哪裡去，如果可以限定地區的話倒還不錯。她原本期待成為精明幹練的職業女性，但最近認清了現實，好像決定選擇一般職。這樣真的對嗎？

A 40

身為大學生的姊姊猶豫著該選擇綜合職或一般職？那妳知道這兩個選項是從什麼時候開始出現的嗎？是從一九八五年訂立的《男女僱用機會均等法》開始。這一年，日本首度禁止企業在徵聘員工時出現男女歧視，尤其是應徵或錄取之際的歧視——在這之前的徵人啟事，可是會明擺著「限男性」呢！在我還是學生的時候，看到學務處的徵人啟事上都寫著「限男性」、「限男性」、「限男性」，偶～爾才會零星寫上「女性若干名」。女性打從一開始就不在徵人的範疇裡，也沒有辦法接受面試，連挑戰的機會本身都被奪走了，而這樣的情況那時終於（在表面上）被禁止了。

當時的日本企業從來沒有聘用過大學畢業的女性，也不知道該怎麼樣發揮她們的能力。說到底，公司內部的組織本來就埋藏著男女的高低序列，女員工的職務打從一開始就被設定為輔助性質，所以形成了男員工是四年制大學畢業生、女員工則是短期大學畢業生的序列，女員工要是到了一定的年齡還不離職，就會被公司視為燙手山芋。

這種長年累月的組織體質和習慣是沒有辦法一夕之間就改變的，於是經營者絞盡腦汁，想著怎麼樣聘用大學畢業的女性，結果就是衍生出稱為綜合職與一般職的人事管理制度。綜合職是和歷來的男員工一樣的管理職，一般職則是和歷來的女員工（當時稱為OL或BG）一樣的輔助職務，前者的英文為career track，後者則稱為non-career track，稱得上職業女性的只有擔任綜合職的人，一般職則沒有職涯發展可言。雖然應徵的時候不會分男女，但被錄取的時候就會分門別類，最後綜合職幾乎都是男性再加上少數女性，一般職則全部都是女性，而這樣的結果當然正如企業所預期。且綜合職與一般職的薪資也有所差異，這樣的差異如果是基於性別，就可以說是一種性別歧視，但這卻是基於綜合職與一般職的不同錄取基準，因此也就能將薪資的差異正當化。應徵的時候由於是本人自行選擇要擔任哪一種職務，所以自己的決定就要自己承擔。於是乎，過往公司體制內的男女序列，如今巧妙地規避了「性別」這個字眼，轉移為綜合職與一般職之間的差異。幾乎所有大企業都在實施《均等法》的第一年便引進了這樣的人事管理制度，成功地將《均等法》的影響限縮到最小，真是既奸詐又狡猾呢～那些掌握經營權的老大爺可不是省油的燈。根據二〇一六年度的調查（「僱用均等基本調查」）顯示，擁有超過五千名員工的大型企業中，就有百分之五十．五採用了這種人事制度。

《均等法》實施後，只誕生了極其少數擔任綜合職的女性，公司提心吊膽地試用之後，發現她們不管是意願或能力都相當高——這還用說嗎？畢竟她們可是想和男性並肩工作才來應徵的。即便女性被認為欠缺領導能力，也是因為沒有獲得可以發揮領導力的空間，能力是要放在對的位置培養的，發現這些女性很好用的企業於是慢慢擴展了綜合職女性的範圍。在《均等法》實施後就業的女性被稱為「後均等法世代」，但距離第一代後均等法世代在職場中亮相至今已經過了三十幾年。這段期間內女性管理職或公職人員一個個誕生，只不過薪資仍舊落後於男性。而她們正是日本職業女性的先驅。

這些女性後來究竟過得好不好，我們也在三十幾年後得到了解答。那就是明明努力爭取進入了好公司、得到了一份好工作，擔任綜合職的女性離職率卻很高，和男性並肩工作且和他們一樣「過勞死」的事也時有所聞。而且一旦懷孕生子，就會陷入兼顧工作與育兒的兩難，因為她們的丈夫通常也是精英分子，無法期待他們幫忙帶小孩，在生產後還能回歸職場的職業女性背後，往往得歸功於祖母的大力支持。明明付出了這麼大的犧牲才能夠繼續工作，與同期的男性同事相比，卻得不到公司太多的回報。資深女性員工那些慘烈的經驗看在下一代的女性眼裡，她們會避之唯恐不及也不是沒道理。亦即這些資深的職場女性變成了讓人不想勉強自己變成那樣的負面教材了。

妳姊姊大概是後均等法世代的第三代吧。第一代是在職場就像貓熊一樣珍貴、備受挫折的世代；第二代是擔任綜合職、努力想要延續職業生涯的世代；而對第三代來說，儘管工作是應該的，她們卻是既要工作又不願勉強自己的世代。比起綜合職，一般職的責任和負擔都比較輕，工作內容說不定也比較簡單，數據顯示，一般職的工作年數確實比綜合職來得長——妳姊姊的選擇或許是很務實的。

但話說回來，要是選擇了一般職，不管對女性或對公司來說都有點可惜。一般職自始至終都是輔助的性質，不管在公司待多久，都不會獲得有挑戰性的工作，只能眼睜睜看著比自己晚到職的綜合職年輕（男性）員工在職位和薪資上逐漸超前，就算他在剛進公司的菜鳥時期受到自己許多關照也沒輒。而且一般職的工作內容大多是固定的業務，公司往往也會減少錄取一般職員工、改採用派遣員工，所以今後一般職也會逐漸變成「窄門」。如果來報到的派遣員工相當優秀，就更難免會被比較，認為妳明明是正式員工卻工作不力。要是同樣一份沒有發展性的工作做了很久很久，不但會被嫌棄，也不會獲得晉升的機會。

至於公司這邊，其實也會吃虧，因為他們的期待很低，無法激發安於原本職務的女性員工的潛能。只要有機會，說不定她們的意願與能力都能有所發揮，不管男性或女性，站在起跑線上，未來都無可限量。要是能獲得機會，就可以發揮自己的能力，這和學歷或性別一點關係都沒有。在就職的時候光是根據選擇綜合職或一般職來決定今後的道路，不論對員工本人或對公司而言，難道不是一種損失？最近有些人事負責人也發現到採用這種人事管理制度的破綻，因而引進了可以從一般職改到綜合職的轉換制度，但這只適用於公司或主管認可的員工，門檻其實有點高呢。此外，也有一些女性因為這項人事管理制度的性別歧視而將公司告上法庭，最終打贏了官司。

儘管一般職會衍生諸多問題，綜合職卻也不輕鬆。後者就像把整個人賣給公司一樣，不能選擇職務類型，只要一紙派令就必須調到其他地方。如果是父親被調到很遠的地方，那麼家人就要分開生活，父親獨自赴任、留下母親與孩子在家，家庭破碎的危機往往也隨之而來。那麼就應徵不需要被調職的職務類型吧？近來出現了所謂「地區限定正式員工」的職務，那不是很好嗎？就算妳這麼說，但那樣的職務不僅薪水被壓得很低，升遷之路也困難重重。公司可說絞盡腦汁、想方設法希望用廉價的薪水聘請員工，員工就算心有不甘也只能乖乖認了。

妳姊姊現在正不知如何是好吧？但她才二十歲上下，可別這麼快就限縮了自己的目標。不妨試著挑戰看看，選擇能讓自己有所成長的工作，真的不行的話到時候再來煩惱就好了。一朝學會的技能，到哪裡都能派上用場。如果遇到不當的歧視，就站起來抗爭吧！畢竟友善的職場、善解人意的上司以及女性的權利都不是天上掉下來的，是每一位當事人努力爭取來的。

在展開求職活動之前，先了解《男女僱用機會均等法》或《勞動基準法》等法條，掌握這些能夠保護自己的武器，並到厚生勞動省的「女性活躍推進法『可視化』網站」好好檢視各家企業吧。如今的職場確實需要女性的付出，也的確一步步朝向更適合女性工作的方向邁進。

# 正式僱用與非正式僱用

Q41

在我媽媽的公司，就算做的是一樣的工作，正式員工和非正式員工的薪水也差了將近一倍。明明做的事情大同小異，為什麼非正式員工的薪水會和正式員工差那麼多呢？我真是想破頭也不明白。

A41

妳說得沒錯，這些公司不知道從什麼時候開始，除了正式員工以外，又增加了非正式員工這個名堂。話說回來，「正式員工」這個詞本來就很可議，聽起來就好像還有「不正式的員工」似的。以前在日本只會分成「員工」和「打工」兩種，不會再細分「員工」的身分，現在卻因為「非．員工」增加了，而不得不特地另稱為「正式員工」。

這又稱為「正式僱用」與「非正式僱用」。前者指的是勞工基於《勞動基準法》與公司締結僱用契約，針對固定的勞動時數（原則上為一週四十個小時），由公司提供一定的報酬和社會保險。後者則是指前述以外的兼職員工、約聘員工、派遣員工、短期工、打工族等等，所在多有。

由於現在的職場大家一樣都是坐在辦公桌前工作，如果不一一詢問對方是否為正式員工，一眼望去根本分辨不出來。工作內容明明相差無幾，薪資卻是天差地遠，就算非正式員工比正式員工更能幹也一樣。有的公司還會因為正式員工的反感而加以劃分，故意不給非正式員工比較重要的工作，反過來說，非正式員工承擔著責任與重擔，卻仍領著低薪且待遇差的事也時有所聞。

至於原因何在？很簡單，就是為了節省人力成本。要聘請員工，公司除了付薪水，還必須負擔獎金和社會保險費，每個月都得花上一筆錢。儘管如此，景氣卻瞬息萬變、時好時壞，由於固定聘請員工就得付出成本，於是免洗的自由短約非正式員工便增加了。

這樣的情況是從什麼時候開始的呢？一九九〇年代，日本的景氣進入冰河期，因為要裁退正式員工不是那麼容易，便有人——那些掌握經營權的老大爺——主張要更謹慎地錄用新進員工，且採取廉價免洗的非正式僱用手段。而使這樣的手法得以遂行的，則是一九八五年訂立的《勞工派遣事業法》（現在的正式名稱是《確保勞工派遣事業正當營運暨保障派遣勞工相關法律》），同年，《男女僱用機會均等法》施行，僱用的限制才開始放寬。但當時日本的景氣還算好，進入冰河期是從一九九一年泡沫經濟崩壞開始，非正式僱用者真正增加，則是在這之後的事。

此外，非正式僱用者當中，以女性佔壓倒性多數（當然職業種類不同亦會有所差異）。根據二〇一九年日本總務省的勞動調查顯示，全體勞工當中非正式勞工佔百分之三十八・三，而非正式勞工當中，女性佔百分之六十八・一，女性勞工則佔全體勞工的百分之五十六・〇，每十人當中就有六個人是非正式僱用者。非正式僱用的男性以製造業和汽車產業為多。陷入經濟不景氣的時候，那些合約遭終止的男性被趕出宿舍、聚集在臨時避難所的畫面，或許妳並不陌生。遭逢不景氣時，首當其衝被裁員的雖然包括非正式僱用的女性和男性，但對女性來說，流落街頭會遇到的危險卻大得多，因此就算受到家暴而膽顫心驚，她們也只能乖乖回到那個家。也有人認為女性就算被裁員，但有的可以靠丈夫、有的可以靠父母，不至於生活吃緊或無家可歸，所以可以輕易地解僱，而且她們往往也不會有怨言……。日本的製造業中，非正式僱用者有許多是日裔巴西人，一旦合約終止，他們往往就會被遣返回母國，也就是說，一旦經濟陷入不景氣，就會對女性和外國人等弱勢族群造成影響。

派遣員工的勞動契約是有效期的，近來從三個月到半年不等的短期契約也增加了許多，但合約到期後能不能延長卻是未知數。比如一旦告知懷孕，契約往往會被終止，但資方絕對不會承認原因出在懷孕，因此只要等到契約期滿，勞方就無話可說。就算這明明是一種孕婦騷擾（指以懷孕、生產為由而產生的歧視），也無法直指為歧視，還真是狡猾呢。但要是這名派遣員工的貢獻對公司來說是不可或缺的，公司也會希望這個工作能力強的人繼續服務吧。二〇一五年，日本的《派遣事業法》經修正，規定在同一間公司連續服務三年的派遣員工本人若有意願即可轉正，聽起來很不錯吧？但卻有很多女性團體反對這項修正案（認為其實是「開倒車」），為什麼呢？因為她們推測這樣的規定一下來，許多經營者便會把工作合約訂為三年，不讓派遣員工在同一個職場任職超過三年，而事態的發展也確實如同預想。過去花了五年或十年在同一家公司服務，累積了經驗也熟悉了環境的能幹員工無法續約，取而代之的是每三年就來報到、取代舊人的約聘員工，這對公司而言難道不是一種損失？沒錯，損失可大了。只是就算這樣，比起讓資深的派遣員工轉正，輪替僱用派遣員工還是划算得多，因此公司即使多少有些不方便，還是會將合約訂為三年。妳說難道這些公司就這麼想節省人事成本嗎？說得沒錯，因為日本的企業已經因為不景氣而失去了用人的餘裕。

每三年就換一次工作，年紀逐漸增長，就算年輕時可以馬上找到下一間派遣公司，但隨著年齡越來越大，要找到新的派遣公司也就越困難。畢竟對方會認為派遣員工的工作是輔助性質，年紀大就會不靈光。這就像有的公司喜歡稱女性員工為「美眉」，年輕女性在職場上還是比較吃香的。

一九八五年訂立的《派遣事業法》，讓女性勞工過去的努力一夕之間化為烏有。儘管《勞動基準法》中規定不得以懷孕或生產為理由解聘女性勞工，此外，對要求女性員工結婚就必須離職或滿三十歲就必須退休（難以置信吧？）的企業，女性員工在審判中也透過極力爭取而勝訴，但只要合約到期未延長，那麼不論懷孕就遭到解聘或三十歲就被迫退休，都只能乖乖依照經營者的遊戲規則，即便制定了《均等法》，對派遣員工來說也是有跟沒有一樣。

我教過的那些東大畢業的女性，擔任的幾乎都是綜合職，當找到工作的畢業生來我家玩的時候，我會問她們：「妳們在公司要負責泡茶嗎？」

她們一臉疑惑，心想這是哪個年代的事，紛紛告訴我：「現在沒有這種事了啦，有飲水機，大家會自己泡啊！」儘管如此，我又會忍不住追問：「那麼妳們覺得自己現在不用幫忙泡茶是託誰的福呢？」綜合職的女性到底需不需要輪流泡茶，在過去曾經引發諸多討論，如今則成了茶餘飯後的趣談。沒道理高薪聘用了綜合職女性卻是來泡茶的，但綜合職女性不用泡茶，豈不是顯得比一般職女性更高一等？不過由於綜合職女性不需要泡茶，女性派遣員工主要的輔助業務便固定是「泡茶和影印」，這兩種趨向便是在《均等法》實施後的三十幾年間分化出來的。

妳媽媽所在的職場就是那樣的地方。現在不管在哪家公司，有非正式僱用的勞工是再尋常不過的事，所以妳媽媽公司裡的現象也就見怪不怪了。不過她是正式員工真是太好了呢。既然她認為非正式僱用的員工也是「同事」，肯定會為對方打抱不平吧？但這也很難說呢，畢竟大家真的會把短時間內一直換人的派遣員工當成同事嗎？派遣員工每天時間一到就準時下班，看在旺季時被要求加班的正式員工眼裡會做何感想？正式員工在午餐時間成群外出用餐時，也會找派遣員工一起嗎？大家想試試附近新開的法國餐廳的商業午餐時，會猶豫要不要邀請手頭或許不那麼寬裕的派遣員工嗎……？派遣員工實際上是人力派遣公司的員工，彼此所屬的公司並不同，不僅如此，公司裡還有打工或約聘等其他非正式僱用的員工，更何況工會本身也並未將他們視為「夥伴」，證據就在於工會不會將非正式僱用的勞工組織起來，不管是公司或工會，針對的都只有正式員工。儘管如此，職場上正式僱用與非正式僱用的員工卻混在一起，非正式僱用者的人數增加，也強化了職場的區隔，令人傷透腦筋。

有的人是原本就屬意非正式僱用，有的人則是不得不然，畢竟每個人的情況各有不同。有人每天都得去托兒所接小孩，因此一定要找可以準時下班的工作；有人必須照顧雙親，所以一週只有三天可以上班；有人的公司要輪大夜班，他卻希望盡量不要排大夜，所以說情況各不相同。只有和雇主簽訂固定勞動時數合約的是正式僱用，其他一律是非正式僱用，這一點也很奇怪。說到底，一天工作八小時、一週工作四十個小時這樣的事是誰決定的？在那以前，可是一天工作十到十四個小時（到了這種程度，根本可以說是睡在公司了）、一週工作四十八小時（也就是週休一日）的時代，因此所謂的固定勞動時數，其實也是僱用者和勞工歷來交涉的成果。勞工的力量雖然總算發揮到這個地步，但只要不能配合固定勞動時數，就會被劃歸在正式僱用以外——也就是變成非正式僱用者。非正式僱用者當中有人是兼職，也有雖然是短期勞工卻和正式員工一樣工作的全職工讀（這個詞很矛盾呢）。

並非因為薪水低，所以是非正式僱用，而是為了壓低薪資，才編派了非正式僱用這樣的名堂以便區隔。兼職工作並非每個女性所希望的，而是企業針對女性而研擬的。為了將職場上的已婚女性掃地出門、壓低薪資，因而巧妙地實施「（特別）扶養扣除」制度等，我在Q 19已經說明過了。財經界與政治界的老大爺狼狽為奸，他們的壞心眼可沒有打消的一天。

那麼，該怎麼做呢？解方是有的。我們必須明白非正式勞動並不是壞事，可以自由選擇工作時間（彈性工時）遠比無法選擇來得好，問題在於不把它當成歧視的藉口，因此解方便是秉持同工同酬的原則。在歐洲已經引進了這樣的制度，只要做的是同樣的工作，一天工作五個小時的人，便給付八分之五的薪水；一週工作三天的人，便給付五分之三的薪水，這樣的工作模式稱為短工時正式員工。也不妨提供沒有僱傭保障的非正式員工比正式員工更優渥的薪資，畢竟只要不改變「聘用非正式勞工更划算」的機制，女性到哪裡都會被佔便宜，但想要改變的話……嗯，就只能去改變討好那些老大爺的政治了！

# 女性主義者都是什麼樣的人呢？

Q42

女性主義者一直讓我覺得很恐怖，但聽了上野老師的演講後，我才明白事情並不是那樣。所謂的女性主義者，是關注女性主義和性別議題的人對嗎？

A42

哎呀，妳聽過我的演講嗎？真是令人開心！那肯定是學校老師邀我去的吧。有時就是會有這種怪怪的老師來邀請一樣怪怪的我到學校演講呢。我最喜歡和十幾二十歲的年輕人聊天了，畢竟十幾歲的孩子還很率直單純，可以直截地傳達我想傳達的訊息。

為什麼妳會覺得女性主義者「很恐怖」（在這裡姑且直接引述提問者的用詞）呢？妳知道周遭有誰是「女性主義者」嗎？還是實際認識「女性主義者」之後才這麼想的呢？又或是妳親眼見過或聽過別人說「女性主義者很恐怖」？大概是因為最後一點吧？而這個說人家「很恐怖」的還是名男性，對嗎？

男性一遇到女性主義者，好像都覺得自己馬上會「挨罵」，如果是因為真的做了什麼不好的事——像是當色狼或性騷擾之類——還真希望他們好好反省。面對那些色狼或性騷擾加害者，我想女性主義者還是「恐怖一點」比較好，但對高中女生而言，實在沒有理由「害怕」女性主義者，因為我們是「站在女性這一邊」的（笑）。女性主義者通常被認為對女性很和善，大多個頭小小的、一點也不嚇人，說話的聲音很溫柔，更不會大吼大叫，只不過一旦遇到敵人就會變得很可怕，因為我們無法忍受歧視和不公平。

女性當中也會有人不想被別人認為「很恐怖」，不想把男性視為敵人，但我們也並非都把男性當成敵人。有的男性必須被視為敵人，有的則否；每位男性或許都有他的優點，但以男性集體為根基歧視女性的體制就是敵人。雖然很多女性認為把男性當成公敵會吃虧，但被男性覺得「很溫柔」，幾乎等同被認為不管怎樣都會笑笑地，「很好操縱」、「很好利用」，實在令人開心不起來。因此就算在男性眼中「很恐怖」，我也不覺得有什麼不好，反倒認為利大於弊，討人厭的男性會主動避開，所說的話也會被當一回事，雖然讓女性覺得有點「恐怖」，但或許其實恰到好處。

世界上有各式各樣的女性，也有各式各樣的女性主義者。只要認為自己是女性主義者，那麼妳就是，假使有人認為自己是女性主義者，周遭就沒有理由說三道四。那個人是正牌的，這個人是假冒的……我們並不需要這種說詞，因為世界上本來就有各式各樣的女性主義者，有時還會遇到讓妳希望這個人別自稱女性主義者的情況（笑）。不妨試著多認識一些女性主義者吧，這樣一來妳就會發現其實有各種類型。

所以囉，就算妳問我女性主義者是怎樣的人？女性主義者都在想些什麼？別人的情況我一概不清楚，只能回答妳我眼中的女性主義者是什麼樣子。女性主義者的第一步，就是不想被所謂的女人味／男人味束縛，想要自在地生活，把具有這種想法的人都當成女性主義者也無妨。強者往往不受拘束，弱者卻會被「刻板印象」給束縛。「女人味」和「男人味」不同的地方，就在於不會強烈主張自我的「刻板印象」，這對女性來說相當吃虧。正因如此，她們並不會想變得和男性一樣。畢竟身為支配者所擁有的「男人味」其實也是一種束縛，所以女性往往不會想成為支配者。然而，她們不只自己長期以來都站在弱者的立場，還會關照孩童與老人等弱勢，很能體會弱勢的心情。正因為無法成為強者，所以才會是弱者，即便要他們以牙還牙、以眼還眼也沒用——受到家暴的妻子一旦反抗丈夫，也只會換來更惡劣的對待。二〇一六年，日本相模原市的身心障礙收容設施津久井山百合園發生了十九名身心障礙者遭殺害的事件，有人質疑為何受害者不抵抗，但他們正是受制於身心障礙而無法抵抗。然而身為弱者，並不構成被歧視的理由。因此我才說，女性主義者的想法並非希望弱者變強，而是即便身為弱者，仍可以獲得應有的尊重。

世界上也有提倡不同女性主義的人，比如想和男人做一樣的事、想當兵打仗的女性主義者，但我並不贊同。女性主義是活的、動態的思想。女性是否應該當兵、是否該像男人那樣拚命工作到過勞死等等，這類論題在女性主義者之間有過非常激烈的論辯，無法輕易得到結論。畢竟世事極其複雜，女性主義無法獲得非黑即白這種單純的答案，就像人類沒有辦法簡單劃分為「好人」和「壞人」那樣。在夥伴眼裡是「溫柔的人」，在敵人眼中則是「可怕的人」——至少我是這麼自我期許的。

# 自己的事自己作主

Q 43

一直以來都聽說日本要邁入超少子高齡化的社會，為了解決這樣的社會問題，身為女性的我們可以做什麼呢？正當我這麼想的時候，學校發給了大家「許願的話『送子鳥』會飛來嗎？」（https://www.pref.saitama.lg.jp/a0704/boshi/funin.html）這樣的小冊子，意思難道是我們只能當生育機器？

A 43

世界上唯一一件女人辦得到、男人卻無法做到的事，就是懷孕生子——所以女性對社會最大的貢獻就是成為「生育機器」？

但是妳願意為了「解決社會問題」而生小孩嗎？妳的母親與父親莫非是為了解決「超少子高齡化」問題才生下妳？

就我所知，並沒有哪對男女生小孩是為了國家或社會的。不論是女性或男性，都是考慮自己的人生、為了自己才決定生小孩或不生小孩。什麼時候要生小孩、要生幾個小孩，都是個人的自由。不生的人有不生的原因，只生一個孩子的人也有只生一個的理由，不管是妳的父母或是妳未來丈夫的父母都不能下指導棋，周遭的人、整個社會及這個國家更沒有立場指手畫腳。

就算邁向「超少子高齡化」，面對生育率低下的現況，傷腦筋的是誰呢？希望可以生更多小孩的又是誰？因為少子化而困擾的，正是政府和經濟界。他們將個人視為數字，也就是以人口來計算，人口一旦減少，經濟規模就會縮小；經濟規模一縮小，國內生產毛額（GDP）就會減少；國內生產毛額減少的話，日本就不再位居強國地位（現在的日本是GDP排行全球第三的大國）而淪為小國——那些老大爺肯定對這一點相當感冒吧。

「生育機器」這個詞，是二〇〇七年時厚生勞動大臣柳澤伯夫提到的。那是他在島根縣的自民黨縣議會集會上的發言，大概是因為內部聚會而疏忽大意，不小心脫口而出的真心話吧？一副高高在上的姿態，對於懷孕生產的女性也沒有半點關懷，顯然這些老大爺只是把女性當成人口再生產的資源，那妳可沒道理為了這些老大爺讓自己變成「生育機器」。

妳知道有一個詞叫作「總和生育率」嗎？指的是一名女性一生中生育孩子的平均

人數。在戰前，日本女性一生平均會生五個孩子，但戰後減少為兩個，不久後又減少為一．四個。而且不論女性或男性都變得晚婚，日本女性第一次結婚的平均年齡是二十九歲，男性則是三十歲，於是往往要等到步入三十大關才會生育第一個孩子……社會局勢之所以變成這樣，是由各種各樣複雜的因素交織而成的。所謂的人口現象，雖然是由每一位適齡生育男女的個別行動所導致的結果，如今卻呈現出這樣的群眾現象。儘管能夠預測，但究竟為何會轉變至此，誰也說不清楚。

國家將人口視為資源，而針對人口資源的管理，分成了質與量兩個面向，不只希望能夠多生，還希望生出來的是健康的優生兒。因此對身為動物的人類而言，也有適合生產的時間點。如果在以前，三十幾歲就被視為高齡產婦而須多加留意，除了懷孕的機率會降低，對孩子和母親來說風險也會提高。

妳在學校收到的「許願的話『送子鳥』會飛來嗎？」的小冊子裡，是不是寫著「想生小孩的時候不一定能懷孕」、「一輩子的卵子數量是固定的，一旦生產後卵子也會老化」呢？分發這種小冊子的人（埼玉縣），顯然是希望年輕健康的卵子能早點懷孕生產，就算是這樣，扯到「送子鳥」也未免貽笑大方～畢竟現在不會還有人相信嬰兒是送子鳥送來的吧？這樣的作法突顯了他們矛盾的心態——一方面希望十幾二十歲的年輕人盡量不要「惹是生非」，另一方面卻又希望他們趁年輕的時候趕快生小孩，讓人不禁想反唇相譏：要是真的十幾歲就生小孩，國家又會把我當成問題少女吧！

我只是存放卵子的容器嗎？我只是承載子宮的機器嗎？……也難怪女性內心會如此憤憤不平。別說笑啦！生了小孩之後，也不是簡簡單單就可以申請到育嬰假，又排不到托兒所，何況還可能因為懷孕生子在職場上遭到霸凌。不利因素這麼多，國家打造的根本不是適合生小孩的社會，難怪許多女性聽了要喝倒彩。

不過抱持正確的知識卻也不是壞事。現代人說的是「做人」，以前的人則是說「天賜麟兒」，有時想生生不出來、不想生的時候卻懷孕了，古人非常明白人的出生與死亡是超越人類智識的事物。在還不打算生小孩的時候確實做好避孕措施，對女性而言是一大進步，但未來想生孩子的時候，卻不一定能夠如願。

這種時候又該怎麼辦呢？雖然現在有許多治療不孕症的方法，但既花時間又花錢，還不能保證百分之百成功，讓人因此身心俱疲。有些女性則會找代理孕母生小孩，但借用別人的子宮這種事，我認為並不尊重代理孕母的人格。人生中也有不生小孩這個選項。就像世界上有高個子也有矮個子，有體能出色的人也有半吊子的人，有時生不生孩子並不是自己可以選擇的人生規劃，不妨就平靜地接受。生小孩和成為父母親其實是兩件事，如果無論如何都想當爸爸媽媽，也可以收養小孩、成為養父母。

結婚也好，不結婚也好；喜歡同性也好，喜歡異性也好；有性行為也好，沒有也好；生小孩也好，不生也好；當父母也好，不當也好；想離婚就離婚，想繼續工作就繼續工作……但願每個人各自的選擇不用被其他人說三道四（而且國家不會指手畫腳），希望社會可以變得自由。要是以此為目標，那麼肯定也有妳出得了力的事。

# 女性人數增加的話會怎麼樣呢？日本所謂的「男女共同參劃」目的是什麼？

Q 44

根據世界經濟論壇每年發表的性別差距指數顯示，日本的排名逐年下降，在全部一百五十三個國家裡只排行一百二十一名（二〇一九年十二月）。這項指標首先指出的是政治家的人數，還有像是女性管理職的佔比等。老師說，日本政府曾打出「二〇二〇三〇」這個目標數據，表示在二〇二〇年（雖然已經過了）以前，要將社會所有領域佔指導地位的女性比例提升到百分之三十。所以最後只要各個領域的女性人數超過半數就好了嗎？增加女性的人數究竟是為了什麼？增加的話會有什麼好處嗎？

A 44

日本在世界的性別平等排行榜真是令人傻眼。二〇一六年排在第一百一十一名，二〇一七年排在第一百一十四名（全球一百四十四個國家中），二〇一八年排在第一百一十名（一百四十九個國家中），儘管稍微提升，但在二〇一九年又跌落到一百二十一名。日本的GDP好歹位居全球第三，排名卻這麼落後，實在慘不忍睹。也就是說，這個國家儘管富裕，女性卻備受歧視……。偶爾會有些老大爺說什麼日本女性已經變得很厲害，不用再更強了之類的話，這時就要對這種傢伙直言：「難道你沒有看到前面的數據嗎？」

排名年年倒退的原因是什麼？是因為情況逐漸惡化嗎？其實並非如此，主要是由於日本一成不變。當其他國家正為了促進性別平等而努力不懈時，日本卻原地踏步，所以才逐漸被世界拋在腦後。非但女性政治家不曾增加，女學生的升學率即使提高也仍舊不及男學生，儘管很久以前曾被聯合國消除對女性歧視委員會勸誡應採行夫妻不同姓選擇制度，至今卻仍未落實，甚至被責備太過鬆散，明明已經批准了廢除女性歧視的條約，後續卻沒有任何建樹。為什麼女性政治家的人數遲遲無法增加？為什麼女孩的升學率比男孩低？為何夫妻不能不同姓……前面提過的這些問題的答案，妳心裡應該有數了吧？

統計很重要，因為那是一種客觀的根據，但卻只能反映可以測定的數值。其中最簡單明瞭的，就是女性佔各領域領導人的比例。其實當我聽到「二〇三〇」這個目標時，第一時間的反應是「咦？怎麼不是二〇二〇五〇？」，百分之三十，未免太不上不下了。既然女性人口佔了一半，那麼在所有領域中，女性領導人難道不應該佔一半嗎？話雖如此，現實中要達到百分之三十卻是極其困難。日本政府心知二〇二〇年無法達成目標，因此將達成目標的期限往後延了十年，但願未來可以達到「二〇五〇」——不覺得等不及了嗎？

日本政府將這樣的政策稱為「男女共同參劃」，意指「所有領域都要由男女一起參與、籌劃」，大概就是英文中的「Equal Participation in...」吧，真是讓人一頭霧水呢，查了一下，慣用的英文其實是「Gender Equality」，結果重新翻回日文就是「性別平等」。「性別平等」這個詞，在戰後有很長一段時間全世界都通用，那直接這麼說不就好了嗎？管它參劃還是肆劃，這個讓人搞不懂的用詞不曾收錄在字典裡，第一次出現是在一九九〇年代後，因此相對比較新，而創造這個詞的正是日本政府，也就是說，「男女共同參劃」並不是日常用語，而是行政用語。官方之所以創造出這個詞彙，據說是因為當時執政黨的老大爺對於「性別平等」一詞相當感冒，官僚揣摩上意之後才這麼做的。既然是「男女共同參劃」，聽起來就像是有男性角度的參劃與女性角度的參劃吧？這樣就符合了「不同但平等 Different but Equal」的「特性教育」——那些老大爺雖然勉強接受男女學生一起上家政課，內心卻想維持「技能．家庭」的特性教育，所以官方揣度他們的心意創造了這個新詞，也因此我才不想用這種讓人渾身不自在的行政用語。用詞有多麼重要，思考著有沒有能代替「主人」這個詞的妳，想必也很清楚吧？

然而，為什麼要提升女性的人數呢？增加女性人數有什麼好處嗎？東大的女學生只佔兩成為什麼不行呢？為什麼非得增加理科女（專精理工科的女生）的人數呢？難道只是因為不想讓外國人認為日本很落後嗎？

我聽說東大的老師對於提升學校女學生人數這件事興致缺缺，是因為校內對於女學生人數增加可以實現什麼目標並沒有共識——畢竟女孩子原本就不會想考東大，就算考上了也不會選擇理工科系，所以這樣的情況不就是女性自己的選擇所造成的嗎？就算基於保障名額入了學，直到畢業前都會受到霸凌，被質疑「妳不就是靠保障名額入學的嗎？」，所以女生最少的工學院儘管一度想開放女生的保障名額，但反對最強烈的卻正是當時就讀工學院的女生。

那麼要是所有領域都提升了女性的比例，就可以說達成目標了嗎？女性人數增加後會有什麼改變？增加女性人數是為了改變什麼？這些都是很好的問題。

男性的染色體明明只有一條和女性不同，卻從呱呱墜地開始便受到不同的待遇、不一樣的養育方法，連思考模式與感受方式都截然不同，幾乎可以說是異國文化和不同人種。所以男女結婚，不管怎樣都會像「跨國婚姻」，說是一種異國文化交流也不為過。既然是異國文化交流，就可能會引發摩擦，一有摩擦，就會產生雜訊，而雜訊大多會令人心生不快。說到底，什麼都不說卻能和對方心意相通是最輕鬆的，要是得一一說明自己的感受、傾聽對方的看法，往往讓人覺得厭煩。但在和異國文化磨合的過程中，卻可以獲取從來不知道的嶄新知識與資訊，這就稱為資訊生產性。

資訊科學的基礎，就是資訊產自雜訊。由於資訊的源頭是雜訊，因此沒有雜訊的地方就沒有資訊。要說雜訊從何而生，那就是發生在系統與系統之間，包括個人這個系統、家庭這個系統以及社會這個系統……為了讓所有系統順利運作，會盡可能設置避免雜訊產生的機制，比如走路的時候要是一一細想應該先踏出左腳或右腳，可就會遲遲踏不出第一步；在家裡，要是每天都要討論由誰做晚飯，那也是平白浪費時間。父親外出工作、母親在家做家事，這樣的性別分工也是源自「天經地義」、不容任何質疑的家父長制這個系統。真奇怪，明明別人家的父親也會做飯，明明在瑞典幾乎都是雙薪家庭……當妳開始會這麼想的時候，就是雜訊產生的時候。所以，在本書中提出疑問的妳，可以說具備相當高的資訊生產性！

正因如此，要是安於一個系統當中，就不會產生資訊，也可以說，所謂的系統就是為了縮減資訊而存在的。

日本一直以來都是製造大國，總是認真仔細又一板一眼，工作五個小時就生產出五個小時的成果，勤懇地製造出不偷工減料又不易故障的產品，所以才能在全球熱賣，也因此尋求的往往是認真、正直、善解人意又聽話的人才，這就稱為製造的生產性。然而，今後我們所需要的生產性卻是資訊生產性。原因在於全球的局勢難以預料，在這個瞬息萬變的世界，往例與慣例再也行不通，面對未曾遭遇過的現實、沒有解答的問題，不奮發向前可不行。

在這種情況下，我們需要的便是接觸眾多系統、涉獵各種系統、積極容納不同系統……。掌握幾種外語、擁有旅居海外的經驗等，雖然可以接觸到許多系統，但其實光是在職場與家庭中來去，就是體驗不同的系統了——畢竟職場與家庭本身就是相異的系統。開伙煮飯、替寶寶換尿布、操作洗衣機等，光是做到這些，就已經像是（女）超人了。全心全意投入一件事的專注力儘管重要，同時進行許多作業的多工處理也不容小覷，能夠兼顧家事與育兒的女性便被認為比男性更擅長這一點。而且如今的職場已經是邁入二十一世紀的高科技職場，因此我們要學會使用ＩＴ機器，也不能偏廢語言技能，話雖如此，嬰兒卻幾乎與人類誕生的兩百萬年前一模一樣，絲毫未曾改變。於是一面照顧孩子一面工作，等於一天當中要面對兩百萬年份的時差──職業女性正是生活在如此巨大的系統落差之間！既然如此，男性也投入做家事與帶小孩的行列不就好了嗎？

這樣的女性要是不參與政治、學術、企業經營或文化領域就太浪費了，畢竟接觸不同系統會引發前所未有的創新（革新）。要是排除異己，社會就會喪失創新的能力，其中又屬女性人數最多，要是排除了一半的人口，實在是莫大的損失。

畢竟政治與經濟、學術與科學．技術、文化與藝術並不是只為了半數人類而存在的。女性一旦增加，學術領域確實會有所改變。比如女性學／性別研究等新興學術誕生，指出了過往學術的偏頗，而這本書，正是女性學／性別研究的成果之一。此外文化與藝術當然也會跟著改變，畢竟過去的文化可是「由男性創造給男性的男性文化」。

那麼科學．技術呢？或許有人會認為真理只有一個，所以不論是由男性或女性來從事都不會改變，但現實的情況卻是女性科學家越來越多，所選擇的研究主題或研究方法也和男性大相逕庭。當然，不僅女性可以涉足男性喜愛的領域，男性也不妨參與向來被視為女性專擅的領域，這樣一來，或許也會激盪出創新的火花。

至於政治與經濟方面，肯定也會有所改變，畢竟擁有投票權的人和消費者當中有一半是女性。日本經濟之所以難以改變，是因為擁有購買能力的絕大多數是男性，要是女性也外出工作賺錢的話，就能擁有自行決定消費與否的購買能力。有人說就商品而言，貨幣就是選票，儘管政治上是一人一票，但在市場上，卻有大量把持貨幣這項選票的人，以及只擁有少數選票的人。在經濟掛帥的世界裡，民主主義這一套是行不通的。股東大會和選舉畢竟不一樣，股東大會上是持股最多的股東擁有決定權，這樣的作法並非民主主義。

雖說政治的世界是一人一票，女性明明擁有一半的投票權，卻什麼也改變不了，這一點可能讓妳覺得匪夷所思。日本在戰後明明標榜男女同權的民主主義，為什麼卻沒有任何改變呢？這都是因為女性並未行使自身的權利。

就算行使了選舉權，卻忽略了被選舉權這項權利。好幾道牆壁擋在面前、大環境綁手綁腳，阻礙女性被選為政治家，而女性本身卻也乖乖安於那樣的環境——至於是什麼樣的牆壁，我在Q 36已經說明過了。

假使女性涉足政界或經濟界，卻只是多了「老師的乖學生（teacher's pet）」那樣順從的角色，或是揣測、迎合男性想法的女性，整個體制就不會有所改變，前面之所以提到「難道只要是女性就好嗎？」，就是基於這樣的理由。女性要是不改變過往的作法，就這樣加入男性所支配的系統中，那也不過就是強化男性的優勢罷了。如果不能在既有的系統中加入雜訊，女性參政就失去意義了。

因此，不管去到哪裡，都請自由自在地發揮妳自己的能力。一旦感到哪裡不對勁就明白地說出口；要是有想做的事就舉起手表達意願；假使覺得原本的作法不太行，那就設想出一套自己的方法。請在系統內發出雜訊，接著吸收雜訊、享受雜訊，找到能夠共同成長的夥伴。

不曾見聞的未來正等著妳。我無法告訴妳那會是怎樣的未來，但面對未知的未來，肯定是有意義又快樂的事。

但願在人生的最後一刻，妳能夠說出……啊～活著真好，真是有意思。

「妳希望這個社會是什麼樣子？」

在本書的最後，就再次確認追求性別平等的目的吧！

女性擁有自主決定權是一件相當重要的事，這樣一來，她們的想法與經驗才能反映在社會上，才能夠改變社會。社會是活的，為了延續社會的生命（稱為永續性sustainability），改變勢在必行。由於女性在過去很長一段時間都是處於弱勢的地位，因此應該擁有更多決定權。

女性當中也有強勢或把持權力的人，所以並非身為女性就是弱者。然而，女性會關懷兒童與老人等弱勢，接納患病或身心障礙的家人，總是陪伴在弱勢者身邊，理解他們的心情。

所謂的性別平等，並不是指女性要像男性一樣變成強者，或是像男性一樣妄想成為支配者、在權力鬥爭中爭勝，甚至以暴力讓別人屈服。女性之所以爭取平等，只是因為由男性一手打造的社會有太多讓人難以忍受的事，而非為了像男性那樣發動戰爭、打打殺殺。男性所做的蠢事由女性來做也同樣愚蠢，我們沒有必要去複製男性的愚蠢。

弱勢者最期待的就是安心、安全的社會環境，是即便身為弱者也能安心生活的社會。讓無法獨自生存的孩子免於受到虐待與忽視；年長者不會被視為包袱累贅；身心障礙者不會遭到殺害……誰不想要這樣的社會呢？所有人類最初都是嗷嗷待哺的嬰兒，最終離開人世時也幾乎都是病弱的老人，會關懷孩童與老人的女性最清楚誰也無法逃脫這樣的命運。

安全保障的英語是 security，又分為個人的安全保障與國家的安全保障。國家應當保障人民的安全，為了守護國家而犧牲人民根本是本末倒置，不管怎麼想，個人的安全保障都應該優先於國家的安全保障。我們千萬不能忘了自己是身為弱勢而生，也將身為弱勢而死，教會我們這項重要事情的，就是女性主義，而為了實現這一點，就必須達到性別平等。

「我並不想拘泥於是男生或女生……」，正是如此。不過在女性與男性的生存方式天差地遠的社會中，不管妳再怎麼不願拘泥，社會也還是會堅持妳的性別，我們無法當作不會發生、無法假裝看不見。

要迎來一個任何人都不拘泥性別的社會，或許還要很長一段時間，我這輩子大概看不到，說不定在妳們的時代也很難落實。在走到那一步之前，不管是女性主義或性別研究都無法放下重擔——為了有一天讓下一代說出：「什麼？以前的女生會被歧視嗎？真是不敢相信～」

在實現這個目標的路上，但願本書能夠多少發揮作用。

# 二〇一九年度東京大學大學部開學典禮致詞*

恭喜各位進入東大就讀。你們都是從激烈的競爭中脫穎而出才來到了這裡。

## 女學生所置身的現實

我想你們並不會懷疑這場入學考試的公正性，畢竟要是其中有任何不公正的地方，各位想必會怒氣衝天吧？然而，去年東京醫科大學卻被揭發入學考試不公，歧視女考生和重考生。日本文部科學省於是調查了全國八十一所醫科大學醫學院，發現女學生比男學生更難考上，亦即男學生的錄取率平均是女學生的一・二倍。其中爆發問題的東京醫科大學是一・二九倍，倍數最高的則是順天堂大學的一・六七倍，其次還有昭和大學、日本大學、慶應大學等私立大學。而倍數低於一・〇，也就是女學生比較容易考上的大學則有鳥取大學、島根大學、德島大學、弘前

* 轉引自東京大學網頁（https://www.u-tokyo.ac.jp/ja/about/president/b_messages31_03.html）。

大學等外縣市的國立大學醫學院。順帶一提，東京大學理科三類則是一．〇三倍，雖然低於平均卻又高於一．〇，我們該怎麼解讀這個數據呢？統計是很重要的，因為有統計才得以進行考察。

女學生比男學生更難被錄取，純粹是因為男考生考得比較好嗎？文部科學省負責人公布了全日本醫學院調查結果後表示：「沒發現其他男性更佔優勢的學院與學科，倒是理工科與文科很多都是女性佔優勢。」除了醫學院以外，其他學院女學生的入學難易度都在一以下，代表醫學院的倍數超過一這件事，必須提出合理的解釋。

事實上，有各種資料可以佐證女考生的偏差值比男考生還要高。首先，女學生往往會為了避免重考而慎重地決定赴考的大學。其次，東京大學入學生中的女性比例長期以來都跨越不了「兩成的高牆」，比起去年度，今年度更是下滑到百分之十八．一。由於統計上偏差值的常態分布並沒有男女差異，因此會有比男學生更優秀的女學生來東大應考。第三，四年制大學的入學率本身有性別上的差距，根據二〇一六年度的學校基本調查顯示，四年制大學的男生入學率為百分之五十五．六，女生則是百分之四十八．二，相差了七個百分點。而這樣的差距並非成績的差異，而是源自雙親認為「兒子要念四年制大學，女兒則念短期大學就好」的性別歧視。

最近獲得諾貝爾和平獎的少女馬拉拉造訪日本，訴求「女性教育」的重要性。儘管這對巴基斯坦來說十分重要，但是不是就和日本無關呢？「反正是女孩子」、「畢竟是女孩子」這類潑冷水、扯後腿的行為，就是 cooling down 一個人的 aspiration，亦即澆熄對方的志向。當被問到：「您是怎麼養育女兒的呢？」馬拉拉的父親回答：「我只是不去折斷她的翅膀。」正是如此，每個孩子都擁有的一對翅膀，在許多女兒身上卻被折斷了。

那麼，等在努力考進了東大的學生前方的，是什麼樣的環境呢？東大的男生在和其他大學的聯誼中非常受歡迎，但我曾自東大女學生的口中聽過這麼一段話。當她被男生問到「妳念哪一所大學」時，脫口而出的回答卻是「東京……的大學」，原因似乎出在要是老實說出「東大」，對方可能就會打退堂鼓。為什麼讀東大的男學生可以引以為傲，女學生卻要遮遮掩掩呢？那正是因為男性的價值與成績呈正比，但女性的價值與成績卻不一定，女孩子從小就被期待要「可愛」，但所謂的「可愛」又是怎樣的價值呢？那是被愛、被選擇、被守護的價值，也隱含著絕不會對另一半造成威脅的保證。因此，女孩子才會隱瞞自己成績好或念東大的事實。

過去曾發生過東大工學院與研究所的五名男學生集體猥褻私立大學女學生的事件。

加害的男學生當中後來有三人退學、兩人受到停學處分。作家姬野薰子以這起事件為藍本寫下了小說《因為她頭腦不好》，並在去年根據這項主題舉行了校園座談會。而「因為她頭腦不好」這句話，根據調查指出，實際上是出自加害的男學生之口。只要讀了這部作品，相信就能明白日本社會是如何看待東大的男學生。

我聽說東大到現在還有東大女生不能實質加入、只認可外校女生參加的男子社團，在我還在念書的半個世紀前，也有過這樣的社團，沒想到半個世紀後竟然還存在著。今年三月，校方以東京大學男女共同參劃執行理事兼副校長的名義提出警告，指出排除女學生與〈東大憲章〉所倡言的平等理念背道而馳。

你們至今待過的學校，是一個表面平等的社會。偏差值的競爭並沒有男女之分，然而一進入大學，其實就開始了隱性的性別歧視，一旦出社會，則會有更明目張膽的性別歧視。遺憾的是，就連第一學府東京大學也不例外。

東京大學大學部的女學生比例將近百分之二十，到了研究所碩士班則有百分之二十五，博士班為百分之三十・七，而最後取得研究職缺的，女性助理教授佔百分之十八・二，副教授佔百分之十一・六，教授的比例則降到百分之七・八。這樣的數據還比女性國會議員的比例來得低。至於學院長與研究科長，十五人當中僅有一名女性，且至今尚未出現過女校長。

## 身為女性學的先驅

針對這樣的情形加以研究的學問，在四十年前誕生了，就叫作女性學，後來則稱為性別研究。在我還是學生時，世界上並沒有什麼女性學，因為沒有，所以才會有人建立。女性學是誕生在大學的校園外，又跨足到大學當中。我在二十五年前來東京大學教書時，還是文學院有史以來第三位女老師，且站在講台上教授的就是女性學。一旦開始鑽研女性學，就會發現世界上多得是解不開的謎團——為什麼規定男主外、女主內？所謂的主婦是什麼樣的人、做些什麼樣的事？沒有衛生棉或棉條的年代，月經來了怎麼辦？日本歷史上也有同性戀者嗎？……因為從來不曾有人去調查，也就沒有任何前行研究，所以不管做什麼都會變成那個領域的先驅、第一人。在如今的東京大學，不管是主婦研究、少女漫畫研究或性向研究都能拿到學位，就是因為我們這些人當時致力開拓新的領域、不斷奮戰。而當時驅使我的動力，便是無止盡的好奇心與對社會不公的憤怒。

在做學問的領域中也有所謂的新創事業。相對於逐漸凋零的學問，同樣有新興蓬勃的學問，女性學在過去就是一種新創事業。除了女性學，環境科學、資訊科學、障礙研究等各式各樣的新領域都誕生了，正是順應時代變遷的需求。

## 由變化與多樣性所開拓的大學

要我說的話，東京大學正是一所藉由變化與多樣性所開拓的大學，會聘請像我這樣的老師、讓我站在這裡致詞，就是最好的證明。在東大，還有身為在日韓國人的姜尚中教授、高中畢業的安藤忠雄教授，甚至是失聰又失明、承受雙重障礙的福島智教授。

你們都是經過千挑萬選才來到了這裡。據說國家要培養一名東大學生，一年大約要花費五百萬日幣。接下來的四年，將有優異的教育學習環境等著你們，這是曾在這裡教書的我可以保證的。

想必你們一直都相信努力會有所回報。但正如同我一開始提到的考試不公事件，就算努力也得不到公正的回報——那樣的社會正等著你們。也請你們別忘了，努力進而獲得回報這件事本身，並非你們努力的成果，而是拜這個環境所賜。各位如今之所以深信「努力就會有回報」，是由於你們所在的環境一直以來激勵、敦促、扶持著你們，對你們的成就不吝於讚美的緣故。社會上也有努力卻得不到回報的人、想努力卻無從發揮的人，又或是努力過頭而心力交瘁的人……更有人早在發憤努力之前，就被「憑你這樣的貨色」、「反正我辦不到」這些話給澆熄了幹勁。

你們的努力不應該只是為了讓自己勝出。你們擁有優異的環境與出色的能力，請別因此貶低那些不佔優勢的人，而要幫助他們。所以也不要逞強，認清自己的弱點、互相扶持走下去。女性學孕育自女性主義這項女性運動，而女性主義絕非女性想表現得像男性或弱者想成為強者那樣的思想。女性主義的思想所追求的，是弱者能以弱者的身分受到尊重。

## 在東京大學學習的價值

如今在前方等著你們的，是無法套用所學的理論、無法預測的未知世界。過去你們追求的是有正確解答的知識，此後在你們眼前的，則是所有問題都沒有正確答案的世界。為什麼學校裡必須含括多樣性，因為新的價值正是在系統與系統之間、異國文化彼此磨合之中誕生的。你們沒有必要局限在學校的框架內。東大有支援海外留學、國際交流、解決國內地域課題的相關活動等機制，請探索未知的領域，向不同世界展翅高飛。無須害怕異國文化，只要是有人的地方，不論何處都可以生存下去。希望你們學到即便身處東大的金字招牌行不通的地方，不管怎樣的環境、怎樣的世界，就算成為難民也活得下去的知識。我相信，在大學學習的價值，並不是掌握既有的知識，而是為了獲得知識以創造前所未見的知識。孕育出知識的知識，就稱為元知識，讓學生習得元知識，正是大學的使命。歡迎各位成為東京大學的一分子。

二〇一九年四月十二日

認定ＮＰＯ法人 Women's Action Network 理事長

上野千鶴子

# 後記

現在這個時期，可以為十幾二十歲的女孩撰寫這本書，我真的覺得很欣慰。日本過去也曾有幾本教導女孩子生存之道的書。

比如小倉千加子女士的《女人味入門（笑）》（理論社，二〇〇七年）、雨宮處凜女士的《身為「女人」的詛咒》（集英社，二〇一八年）等，儘管這兩冊都是非常有意思的作品，但其實從書名就可以想像到內容，前者所謂的「女人味」讓人備感壓抑，後者則表示光是身為「女人」，人生就像受到了詛咒等，在翻閱之前心情就不禁沉重了起來。

而這幾年來，風向變得不一樣了。好萊塢名流女性所發起的 #MeToo 運動席捲全世界；東京醫科大學包庇入學考試歧視女性一事引起軒然大波；女兒提告親生父親性虐待，後者卻被判無罪（後來改判有罪），判決一出，眾多女性在日本全國各地發起花朵運動，手持鮮花示威，表達不滿。此外，被強迫穿著高跟鞋造成健康受損的女性也認為為何只有女性非穿高跟鞋不可，因而發起所謂的 #KuToo 運動*；針對企劃「好把的女大學生RANKING（排行榜）」的男性週刊，女大學生則在網路上發起連署活動，要求收回這項報導並道歉，還為了了解報導的前因後果、提出新的企劃而直接前往編輯部。討厭的事情可以直說，這樣的環境誕生了，不再勉強忍受的女性一個個出現，而她們的聲音也確實傳達了出來。

聯合國在二〇一四年曾邀請艾瑪．華森演講，韓國作家趙南柱所寫的暢銷小說《82年生的金智英》也由齋藤真理子小姐翻譯為日文版。儘管好像有人以為女性主義是從國外引進日本的，但其實日本從很久以前就一直有許多女性堅持討厭的事就直說討厭，想做的事就直接去做。

社會風氣一點一滴改變了，我們就置身在這些變化於眼前發生的歷史時刻。妳所要踏入的社會，是妳能加以改變的社會。所以這本書正可以為年輕的妳展示現在的社會曾歷經了哪些改變，接著又將如何改變等展望。

在我還很年輕的時候，日本的已婚女性要外出工作是難以想像的事，如今夫妻倆都去上班則是稀鬆平常；離婚在過去被認為是人生汙點，現在大家則認為總比死抓著不幸的婚姻不放要來得好；過去女性想成為學者或醫生總被認為不可能，如今女性學者與醫師則比比皆是。

＊　譯註：#KuToo運動的「Ku」是日文「鞋子」（kutsu）和「痛苦」（kutsuu）的諧音雙關。這項運動最初在網路上發起，獲得了3萬多人連署支持。

奶奶那個年代的常識與母親那個年代的常識，和妳現在這個時代的常識已經大不相同。在這本書中有許多由於不同世代的「常識」代溝所產生的問題，請告訴妳們的奶奶和母親「在現在這個時代，奶奶和媽媽的常識已經行不通了」、「所以請讓我自己做決定吧」。

因此年輕時我就想到了這樣的口號：

「今天不合乎常識的事，在明天就是常識！」

反過來也可以說「今天的常識，在明天就不合乎常識！」

事實上也確實如此。

在我年輕時，歧視女性的情況比現在更嚴重，性騷擾無所不在——雖然我工作的地方沒有這樣的情況——但生在那樣的時代，我並不感到悔恨。因為當時的社會在改變，而那樣的改變正是由我們自己親手創造的。

而在我們那個時代以前，還有前輩生活在比我們的時代更艱辛的時代。女性沒有選舉權，不管說什麼，都被說「女人少多嘴」，就算想上學也沒辦法接受教育。託那些前輩的福，我們才能過得比以前輕鬆一點，所以今後就要由我們將比自己經歷過的社會更好的社會，交給更年輕的妳們。如果妳將來有機會成為人母，也會想為女兒做同樣的事吧。

我雖然號稱女性主義者，那也是因為我從在我之前被稱為女性主義者的前輩與外國女性身上，學到了許多智慧與語言，光靠我自己想到的部分其實很少。為了緬懷那些前輩的恩情，我無論如何不會卸下女性主義者這塊招牌。

語言是借來的東西，那也無妨。那樣的語言是看見世界的工具，在某些情況下，也會變成改變世界的工具。拜這項工具之賜，我們得以改變觀看世界的方法。這項重要的工具由前輩繼承、細細磨礪，接著傳給後輩，這也是女性學／性別研究的功能。「性別」就是為此而生的重要工具之一。

此刻我們就置身在能親眼見證環繞女性的社會產生變化的時代。再過沒多久，這本書所寫的內容或許會被看成無足輕重的過時趣談，但應該多少能發揮記錄的功能吧，說不定可以成為史料，對記錄二〇〇〇年代初期日本女性的狀況有所貢獻。我認為就算是這樣也很好。假使十年後、二十年後有人讀到這本書而產生共鳴就好了（淚）。

在如此瞬息萬變的時代，生為女性真是太好了……我不禁充滿感慨。我的人生至此已經過了大半，眼看就要邁向終點，也沒機會重來了，但當我站在生命的終點時，肯定會這麼說：

「啊，人生真是有意思。」

但願將來妳也能說出這樣的話，這就是我的願望。

二〇二〇年十二月

上野千鶴子

# 妳想活出怎樣的人生？

## 東大教授寫給女孩與女人的性別入門讀本

**女の子はどう生きるか：教えて，上野先生！**

作　　者 —— 上野千鶴子
譯　　者 —— 陳介
責任編輯 —— 林蔚儒
美術設計 —— 吳郁嫻

社　　長 —— 郭重興
發行人兼出版總監 —— 曾大福
出　　版 —— 這邊出版／遠足文化事業股份有限公司
發　　行 —— 遠足文化事業股份有限公司
地　　址 —— 231 新北市新店區民權路 108-2 號 9 樓
電　　話 —— (02) 2218-1417
傳　　真 —— (02) 2218-8057
郵撥帳號 —— 19504465
客服專線 —— 0800-221-029
客服信箱 —— service@bookrep.com.tw
網　　址 —— https://www.bookrep.com.tw
臉書專頁 —— https://www.facebook.com/zhebianbooks
法律顧問 —— 華洋法律事務所　蘇文生律師
印　　製 —— 呈靖彩藝有限公司
定　　價 —— 新台幣 340 元
I S B N —— 9786269600342（平裝）
9786269600359（PDF）
9786269600366（EPUB）

初版一刷　2022 年 8 月
Printed in Taiwan


國家圖書館出版品預行編目資料

妳想活出怎樣的人生：東大教授寫給女孩與女人的性別入門讀本 / 上野千鶴子作 ; 陳介譯 .
-- 初版 . -- 新北市 : 這邊出版 : 遠足文化事業股份有限公司發行 , 2022.08
216 面 ; 14.8 × 21 公分
譯自 : 女の子はどう生きるか : 教えて , 上野先生！
ISBN 978-626-96003-4-2( 平裝 )

1.CST: 女性 2.CST: 性別角色
3.CST: 性別研究

544.52　　111011815

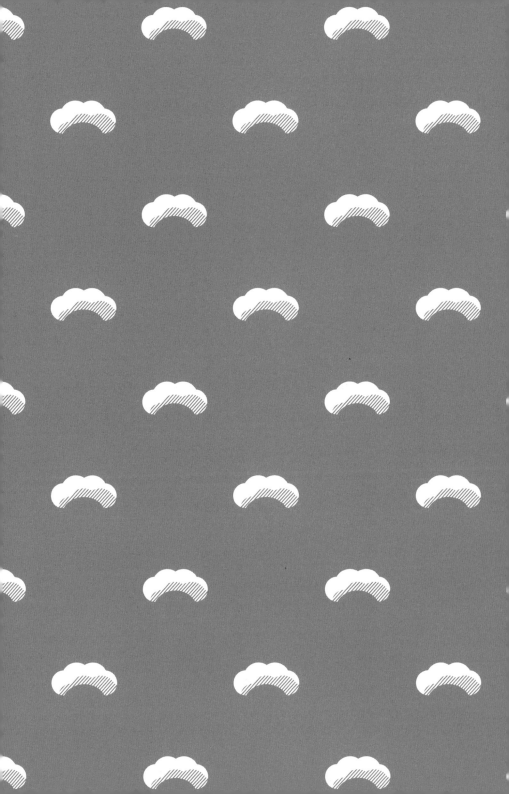

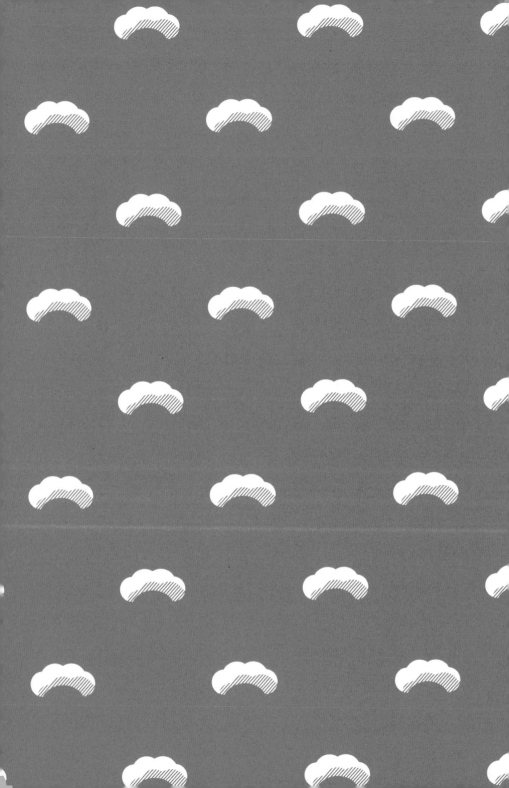

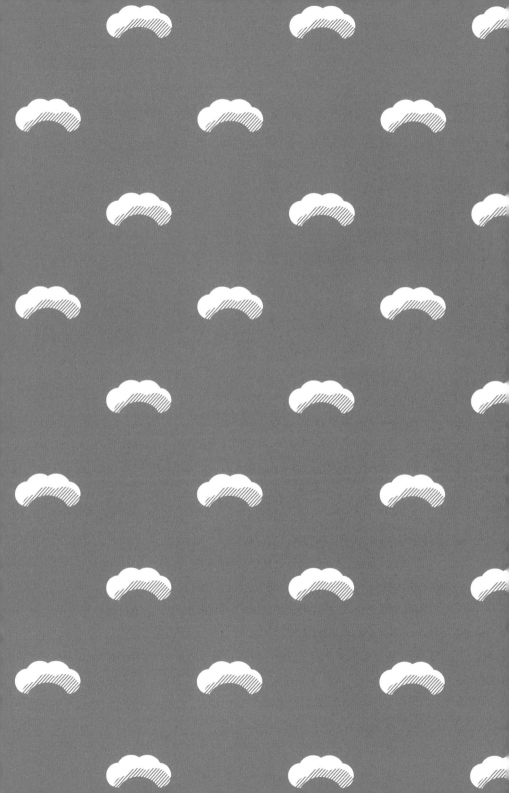

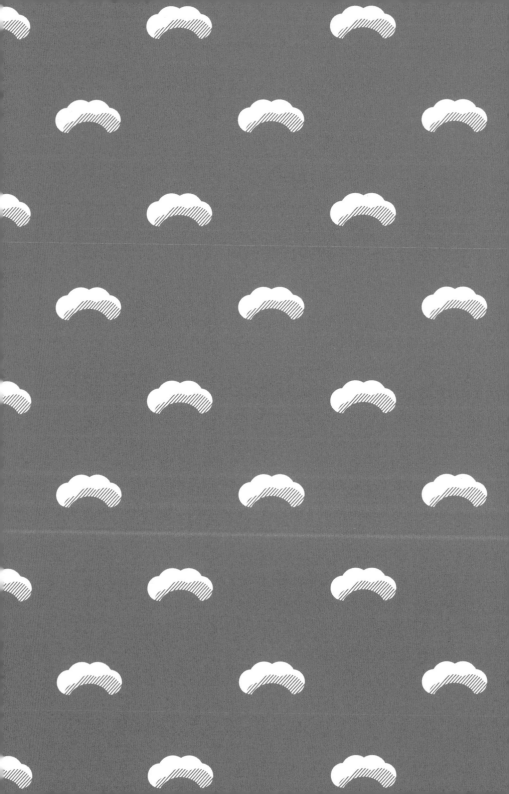